DAS WEIMARER THEATER
zur Zeit Goethes

Dem lieben Heinrich

zum 1. 11. 1996

in Freundschaft

Hiltrud und Siegfried

H. Meyer del.
Böttger Dresdens Sc Lip.

Ulrike Müller-Harang

DAS WEIMARER THEATER

zur Zeit Goethes

VERLAG DER KLASSIKERSTÄTTEN
ZU WEIMAR

Vorsatz:
Wolfgang Amadeus Mozart: Die Zauberflöte
Bühnenbildentwurf zu >Königin der Nacht<
von Johann Wolfgang Goethe, anläßlich der
Weimarer Erstaufführung am 16. Januar 1794
entworfen
Bleistift, Feder mit Tusche, aquarelliert
Goethe-Nationalmuseum Weimar

Frontispiz
Johann Wolfgang Goethe: Paläophron und Neoterpe
Kolorierter Stich von Johann Heinrich Lips nach
Johann Heinrich Meyer
In: Zeitung für die elegante Welt, 1. Januar 1801

Das Weimarer Theater und die deutsche Theaterentwicklung in der zweiten Hälfte des 18. Jahrhunderts

Theater hat in Weimar eine lange Tradition. 1696 wurde unter Herzog Wilhelm Ernst ein Opernhaus errichtet und die erste Oper auf die Bühne gebracht, seit 1730 ließ Herzog Ernst August vom Gymnasium Schauspiele und Opern öffentlich aufführen. Einen deutlichen Aufschwung nahm das Theater in der Zeit von Herzogin Anna Amalia, die zwischen 1759 und 1775 das Herzogtum Sachsen-Weimar-Eisenach regierte. Ihr besonderes Verdienst liegt darin, daß sie die erste feste Theatertruppe engagierte und für die Verbreitung von Kunst und Musik sorgte. Prinzipal dieser Truppe war der bekannte Schauspieler Carl Theophil Döbbelin, der sich aber schon bald von ihr löste. Sie stand von da an unter höfischer Leitung, die besonderen Wert auf die Aufführung musikalischer Werke legte und ihr aus diesem Grund die Hofkapelle zur Seite gab. Merklich voran ging es in der Entwicklung des Weimarer Hoftheaters allerdings erst nach dem Siebenjährigen Krieg. 1768 wurde Gottfried Heinrich Koch mit seiner Truppe unter Vertrag genommen, der vor allem das Musiktheater pflegte: Singspiele bildeten den überwiegenden Teil seines Repertoires. 1771 zog Koch weiter, und nur noch in den folgenden drei Jahren spielte die Truppe Abel Seylers in Weimar, bis der Schloßbrand im Mai 1774 auch den Theatersaal, die Requisiten, Dekorationen und Kostüme vernichtete und damit den professionellen Weimarer Theaterbetrieb für ein Jahrzehnt unterbrach.

Genau eineinhalb Jahre nach diesem verheerenden Brand, am 7. November 1775, kam Goethe nach Weimar. Der kunstsinnige Hof hatte sich inzwischen selbst geholfen und ein Liebhabertheater ins Leben gerufen, dem nur noch der leitende Kopf fehlte. Goethe war dazu bestens geeignet. Als Schriftsteller hatte er mit seinem Briefroman ›Die Leiden des jungen Werthers‹ (1774) für einiges Aufsehen gesorgt und sich einen Namen gemacht. Das Theater war Goethe vertraut: In seiner Heimatstadt Frankfurt a. M. hatte er als Kind französische Komödianten er-

lebt, als Student in Leipzig viele freie Stunden in den Vorstellungen der Truppe Gottfried Heinrich Kochs verbracht. Als Dramatiker hatte Goethe bereits sein Debüt auf der Bühne geliefert: am 14. April 1774 war sein Schauspiel ›Götz von Berlichingen mit der eisernen Hand‹ in Berlin uraufgeführt worden. Weitere Stücke lagen bei seiner Ankunft in Weimar gedruckt oder im Manuskript vor: ›Die Laune des Verliebten‹ (1767) und ›Die Mitschuldigen‹ (1769), ›Das Jahrmarktsfest zu Plundersweilern‹ (1773) und das Trauerspiel ›Clavigo‹ (1774). Des weiteren brachte er Vorarbeiten zu ›Mahomet‹ und ›Egmont‹ sowie erste Szenen zum ›Urfaust‹ mit.

Das Interesse am zeitgenössischen Theaterleben und die Erfahrungen mit seinen eigenen dramatischen Erzeugnissen ließen zwischen Goethe und dem Theater eine Beziehung entstehen, die über mehr als ein halbes Jahrhundert hinweg eng, intensiv und fruchtbar werden sollte. Im selben Zeitraum vollzogen sich in der Geschichte des deutschen Theaters, ja im gesamten Theaterwesen einschneidende Veränderungen. Eine umfassende Theaterreform war in Gang gekommen, die, so kann man sagen, nahezu jedes Theater einer deutschen Stadt nachhaltig umgestaltete. In Weimar führte diese Reform unter dem Einfluß Goethes zur Ausprägung des klassischen deutschen Theaters, wodurch diese Bühne für eine Zeitlang eine der bedeutendsten auf deutschem Boden wurde.

Allerdings hat Goethe selbst sein »Wirken und Leisten«, ob als Dramatiker oder als Theaterdirektor – dies notierte jedenfalls Johann Peter Eckermann unter dem 2. Mai 1824 –, »immer nur symbolisch angesehen«, weil es ihm im Grunde stets gleichgültig gewesen sei, ob er »Töpfe machte oder Schüsseln«.[1] Es ging ihm immer um die Realisierung seines Lebensan-

spruchs, und so tat er alles mit höchstem Einsatz und größtmöglichem Effekt. Ein Jahr später, am 27. März 1825, äußerte er zu Eckermann: »Ich hatte wirklich einmal den Wahn, als sei es möglich, ein deutsches Theater zu bilden. Ja, ich hatte den Wahn, als könne ich selber dazu beitragen und als könne ich zu einem solchen Bau einige Grundsteine legen. Ich schrieb meine ›Iphigenie‹ und meinen ›Tasso‹ und dachte in kindischer Hoffnung, so würde es gehen. Allein es regte sich nicht und rührte sich nicht und blieb alles wie zuvor. – Hätte ich Wirkung gemacht und Beifall gefunden, so würde ich euch ein ganzes Dutzend Stücke wie die ›Iphigenie‹ und den ›Tasso‹ geschrieben haben. An Stoff war kein Mangel. Allein, wie gesagt, es

Hans Sachs: Das Narrenschneiden
Original-Requisiten aus der Aufführung des Weimarer Liebhabertheaters vom Juli 1779
(vermutlich auch schon 1777/78)
Konstruktion mit kleiner Figur und 5 größeren Figuren, die menschliche Laster verkörpern: Neid, Geiz, Faulheit, Gefräßigkeit und Zorn
Lindenholz, geschnitzt, Kaseinfarben; Unterteil Leder, weich ausgestopft
Entwürfe vermutlich von Georg Melchior Kraus
Goethe-Nationalmuseum Weimar
Erstveröffentlichung
Goethe spielte in diesem Stück einen Wunderdoktor, der einen Narren (gespielt von Karl August Musäus) von seinen Leiden kurieren soll. Dies geschah, indem er ein »Laster« nach dem anderen an einem Draht dem Kranken aus dem Wams zog.

Figur Gefräßigkeit

fehlten die Schauspieler, um dergleichen mit Geist und Leben darzustellen, und es fehlte das Publikum, dergleichen mit Empfindung zu hören und aufzunehmen.«[2]

Man darf dies zum einen getrost als Untertreibung auffassen und aus heutiger Sicht sagen, daß er sehr wohl »einige Grundsteine« zum Bau eines deutschen Theaters gelegt hat, als Dramatiker wie als Theaterleiter. Man muß Goethe zum anderen freilich auch beipflichten und akzeptieren, daß ihn nicht übergroße Bescheidenheit zu dieser ernüchternden Bilanz bewog. Er gab einfach eine realistische, von der Warte seines hohen geistigen und poetischen Anspruchs aus getroffene Wertung seines jahrzehntelangen Mühens, das nicht zur erhofften allgemeinen Hebung des kulturellen Niveaus geführt hatte.

Goethe war sich bewußt, daß sein Wirken in eine Zeit fiel, »wo die größten Weltbegebenheiten an die Tagesordnung kamen und sich durch mein langes Leben fortsetzten, so daß ich vom Siebenjährigen Kriege, sodann von der Trennung Amerikas von England, ferner von der Französischen Revolution und endlich von der ganzen Napoleonischen Zeit bis zum Untergange des Helden und den folgenden Ereignissen lebendiger Zeuge war«. Und mit Blick auf die Zukunft fügte er hinzu, wobei er zu einer ganz aktuell anmutenden Schlußfolgerung gelangte: »Was uns die nächsten Jahre bringen werden, ist durchaus nicht vorherzusagen; doch ich fürchte, wir kommen so bald nicht zur Ruhe. Es ist der Welt nicht gegeben, sich zu bescheiden; den Großen nicht, daß kein Mißbrauch der Gewalt stattfinde, und der Masse nicht, daß sie in Erwartung allmählicher Verbesserungen mit einem mäßigen Zustande sich begnüge.«[3]

Die von Goethe benannten »größten Weltbegebenheiten« führten auch im deutschen Vielstaatengebilde zu grundlegenden gesellschaftlichen und politischen Umgestaltungen. Diese lösten innerhalb der einzelnen Territorialstaaten wiederum ähnliche, d.h. vergleichbare Umschichtungsprozesse in Kunst und Kultur aus. Auch das Theaterwesen geriet in den Sog der Veränderungen, was sich in einer elementaren strukturellen und inhaltlichen Umwandlung der deutschen Bühnen niederschlug.

Viele neue Theater entstanden, von denen einige die Bezeichnung ›Nationaltheater‹ oder ›Hof- und Nationaltheater‹ erhielten, um die Neuordnung ihrer Verhältnisse als Werk von nationalgeschichtlicher Relevanz zu erklären. In Wirklichkeit handelte es sich jedoch meist um das Ergebnis individueller fürstlicher Entscheidungen, die unter dem Zwang der historischen Ereignisse gefällt worden waren.

»In der historischen Realität des 18. Jahrhunderts repräsentierte sich der Staat in der Vielzahl größerer und kleinerer fürstlicher Oberhäupter von sehr unterschiedlichem staatsmännischem Format. Die Nationaltheater-Idee verkam in kurzer Zeit zu einer rein formalen Angelegenheit. Was übrigblieb, war der Gebrauch dieses Wortes zur Kennzeichnung des deutschsprachigen Theaters. Ihre bürgerlichen Verfechter hatten ohnmächtig mit ansehen müssen, wie ihr Werk Schritt um Schritt untergraben wurde. Da eine eigene gesellschaftliche Basis fehlte, hatten sie die Verwirklichung ihrer Reformpläne den Fürsten überlassen müssen und damit selbst dazu beigetragen, diese Entwicklung einzuleiten. Statt eines Staatstheaters erhielt Deutschland seine Hoftheater.«[4]

Auf diesen Prozeß soll im folgenden näher eingegangen werden. Den Ausgangspunkt der Überlegungen bildet der Zustand der deutschen Bühnen um 1770. Zahlenmäßig überwogen zu diesem Zeitpunkt noch bei weitem die wandernden Theatergesellschaften, die auf Messen und Jahrmärkten, in Städten und überall dort auftraten, wo auf ein zahlreiches Publikum zu rechnen war. Aber auch kleinere Fürstenhöfe, die aus verschiedenen Gründen über kein eigenes Theater verfügten, nahmen gern ihre Dienste für eine kürzere oder längere Zeit in Anspruch.

Verschiedenen Theatertruppen war für eine Zeitlang in Städten ein bestimmter Spielort per Kontrakt zugesichert. Feste Theater mit einem eigenen Ensemble konnten nur die reichen Residenzen, wie z.B. Wien, Berlin, Dresden, Stuttgart, München und Braunschweig, unterhalten. Dort gab man italienische Oper und französisches Schauspiel. Dafür brauchte man originalsprachliche Spitzenkräfte und eine angemessen prächtige Bühnenausstattung und Kostümierung. Und das verlangte seinen Preis. Er ließ sich aufbringen, solange die Staatskassen gefüllt waren. Aber nachdem Kriege wie der Siebenjährige und der Bayerische Erbfolgekrieg die Länder ausgelaugt hatten und nun die Einnahmen der Höfe spärlich flossen, war die Zeit gekommen, sich von den teuren ausländischen Theaterensembles zu trennen. Diese Konsequenz zogen z.B. die Landesherren in Wien, München und Stuttgart. Die italienischen Gesangsensembles, die Ballettgruppen und die französischen Komödianten wurden entlassen, einige der Mitglieder in die neuen Theater integriert. Die Stuttgarter Oper war eine der führenden in Europa gewesen. Sie betrieb ein umfangreiches Theaterinstitut und darin gleich vier Sparten: Italienische Oper, Opéra comique, Comédie und Ballett. Ab 1767 mußten hier drastische Einschränkungen vorgenommen werden, bis die Auflösung des gesamten Unternehmens nicht mehr aufzuhalten war.

Die Wiener Hofburg verzichtete von 1776 an auf ihre kostspieligen Opernabende und begnügte sich als Ersatz mit dem neugegründeten ›K. u. k. Hof- und Nationaltheater‹ nächst der Burg. Zehn Jahre später gab es auch in München und Prag keine italienische Hofoper mehr. Friedrich II. von Preußen jedoch konnte sich sein Leben ohne Oper nicht vorstellen und behielt sein traditionelles Musiktheater in Berlin bei, wenn auch mit erheblichen finanziellen Kürzungen.

Die Entlassung der ausländischen Künstler bot den großen Höfen die Gelegenheit, ihre Theaterverhältnisse insgesamt neu zu ordnen. Bei geringeren Ausgaben sollte es doch ein möglichst gutes Musiktheater, dazu vor allem Lustspiel geben. Ersatz für die verlorenen Opern- und Schauspielensembles fanden die reichen Fürstenhäuser in den einheimischen Schauspielergesellschaften.

Mancher Fürstenhof übernahm eine komplette Wandertruppe. So entstand das Gothaer Hoftheater 1775 aus der ehemaligen Seylerschen Truppe, die Weimar nach dem Verlust ihrer Spielstätte 1774 hatte verlassen müssen. Allerdings wurde es schon 1779 ersatzlos aufgelöst, nachdem sein führender Kopf, Hans Konrad Dietrich Ekhof, 1778 gestorben war. Die Truppe des Theodor Marchand wurde 1777 nach Mannheim zur Besetzung des ›Churfürstlichen Hof- und Nationaltheaters‹ berufen. Es zog ein Jahr darauf nach München um, als der Kurfürst von der Pfalz Bayern erbte und seinen Hauptsitz in München nahm.

Die Mitglieder der Truppe von Carl Theophil Döbbelin, die später in Berlin das preußische Privileg besaßen, avancierten zu ›Königlich-preußischen allergnädigst generalprivilegierten Nationalschauspielern‹. Sie bildeten im wesentlichen den ersten Personalbestand des 1787 eröffneten ›Königlichen Nationaltheaters‹. Es mußten jedoch noch neun Jahre verstreichen, bis der Theatermann gewonnen war, der die Berliner Bühne zu einer der bedeutendsten und leistungsfähigsten ihrer Zeit machte: August Wilhelm Iffland. Unter ihm eroberte die klassische deutsche Dramatik von Berlin aus ein Weltpublikum.

Wer keine komplette Truppe engagieren konnte, verpflichtete für sein neues Theater Mitglieder aus verschiedenen ehemaligen Wandertruppen. Dem verwaisten Mannheim wurde 1779 die Gründung eines neuen Nationaltheaters bewilligt, das Zuschüsse aus dem Privatvermögen des Leiters, des Freiherrn Wolfgang Heribert von Dalberg, sowie aus der Kurfürstlichen Schatulle erhielt. Für Mannheim war es ein glücklicher Umstand, daß die ehemaligen Gothaer Hofschauspieler, allesamt gut ausgebildete Darsteller, gerade ihr Engagement verloren hatten. Sie bildeten nun den Grundstock des künstlerischen Ensembles am neuen Nationaltheater, darunter der junge Iffland, Heinrich Beck und David Beil. Diese Bühne machte in der Folgezeit u.a. von sich reden durch die Uraufführung der ersten dramatischen Werke Friedrich Schillers. Für ein Jahr war der junge Dramatiker hier als Theaterdichter tätig.

Mannheim bot insgesamt günstige Voraussetzungen für die Entfaltung eines nationalen Theaters. Außer Schiller waren hier noch weitere stark theaterinteressierte, bürgerlich gesinnte Autoren ansässig, darunter Friedrich (Maler) Müller, Heinrich Otto von Gemmingen und der Verleger Schwan. Die räumliche Entfernung vom Hof in München erlaubte zudem eine relativ eigenständige Spielplangestaltung ohne fürstliche Bevormundung, was z.B. die Uraufführung von Schillers ›Räubern‹ (1782) begünstigte.

Als 1776 Kaiser Joseph II. das Wiener Burgtheater zum ›K. u. k. Hof- und Nationaltheater‹ ernannte, war dieser Schritt in gewisser Weise ein Anknüpfen an schon bestehende Wiener Traditionen. Denn die Kaiserstadt besaß seit Anfang des 18. Jahrhunderts das erste und bislang einzige öffentliche Theater im deutschen Sprachraum: das Theater am Kärtnertor. Unter wechselnden Direktoren behielt es über die Jahrzehnte hinweg sein deutsches Repertoire bei: von den ansonsten durch Wandertruppen gespielten Haupt- und Staatsaktionen bis hin zu den wienerischen ›Hanswurst‹-Stücken.

1742 war die zweite öffentliche Schaubühne in Wien entstanden, das Burgtheater, das zeitweise, sozusagen interimistisch, französischen Schauspielern vorbehalten blieb, ehe 1776 deutsche Komödianten einzogen, die Joseph II. aus dem ganzen deutschen Raum zusammenholen ließ. Nun wäre es möglich gewesen, an die deutschen Traditionen des Kärtnertortheaters anzuknüpfen. Aber die seit 1770 wieder eingeführte Theaterzensur verhinderte, daß das Wiener Burgtheater zu einem Zentrum der deutschsprachigen Dramatik aufstieg. Ältere wie zeitgenössische Stücke, selbst die Dramen von Goethe und Schiller mußten sich die willkürlichsten Eingriffe in Handlung und Text durch die Zensur gefallen lassen. Dies änderte sich erst unter dem Wirken von Josef Schreyvogel ab 1814. Er ließ Stücke von den beiden Weimarer Dichtern und von Shakespeare weitgehend originalgetreu neu einstudieren und sorgte für ihre dauerhafte Integration ins Repertoire.

Auch in Stuttgart fanden die Theaterverhältnisse nach Auflösung der Oper eine Neuordnung. Herzog Karl Eugen bemühte sich um die Reorganisation seiner Hofbühne mit Zöglingen seiner eigenen Akademie, der Karlsschule. Gemessen an den

Weitzmann als Schnuren und Karl Wilhelm Unzelmann als Prokurator Spitz in dem Lustspiel ›Jeder fege vor seiner Tür‹
Kolorierte Radierung von Friedrich Weise, undatiert
Goethe-Nationalmuseum Weimar

Karikatur auf höfisches Theater
Tuschlavierte Federzeichnung von Sebastian Trifft, um 1800
Aus Goethes Kunstsammlung

verschwenderischen Gagen der zuvor engagierten Italiener und Franzosen bekamen die landeseigenen Theatermitglieder nur eine karge Entlohnung. Vielleicht auch deswegen erreichte das schauspielerische Können dieser Akteure keine nennenswerte Höhe. Goethe wußte das später während seiner dritten Schweiz-Reise, die ihn 1797 auch durch Stuttgart führte, kritisch zu beurteilen. Wir kommen darauf zurück.

Lange bevor an den deutschen Fürstenhöfen nationalsprachliche Hofbühnen entstanden, sorgten die wandernden Theatergesellschaften für den Erhalt des deutschsprachigen Theaters. Wenn bei ihnen auch in der Mehrzahl anspruchslose Haupt- und Staatsaktionen, Räuberdramen und bescheidene Lustspielchen über die Bretter gingen, so sind gerade von diesen Wandertruppen entscheidende Impulse für die Theaterreform des 18. Jahrhunderts ausgegangen. Verdienste erwarben sie sich auch durch die Förderung junger Dramatiker wie zuzeiten Lessing und Goethe, und manche Ur- oder Erstaufführung eines klassischen deutschen Dramas ist einer Wandertruppe zu danken.

Beginnen wir bei Caroline Neuber, der Prinzipalin jener deutschen Wandergesellschaft, die als erste die traditionelle Hanswurst-Figur von der Bühne verbannte. Der Neuberin gelang es, die Schaubühne in ihrer Funktion aufzuwerten, indem sie

Übersetzungen französischer Dramen und später auch originale deutsche Stücke aufführte, die sich im positiven Sinne an der französischen Regeldramatik orientierten. Diese galt in jener Zeit als einziges gültiges Muster für eine erneuerte Schauspielkunst. Johann Christoph Gottsched, Literaturtheoretiker und Schriftsteller in Leipzig, untermauerte ihre theaterpraktischen Bemühungen mit einem theoretischen Konzept zur Erneuerung des deutschen Theaters, dargelegt in seinem ›Versuch einer Critischen Dichtkunst vor die Deutschen‹ (1730). Es ist u.a. das Verdienst der Neuberin, eine Reihe junger Schauspieler so herangebildet zu haben, daß sie in den folgenden Jahrzehnten führende Rollen in der Geschichte des deutschsprachigen Theaters übernehmen konnten: Johann Friedrich Schönemann, Gottfried Heinrich Koch und Carl Theophil Döbbelin.

Aus Schönemanns Theatertruppe, die 1739 gegründet wurde, gingen weitere Persönlichkeiten hervor, die ihrerseits die Schauspielkunst verdienstvoll förderten: Konrad Ernst Ackermann, Sophie Schröder und Hans Konrad Dietrich Ekhof. Schönemann teilte Gottscheds reformerische Ideen und versuchte, diese durch eine veränderte Spielweise umzusetzen, die von den Stegreifspielen herkam und laut und komödiantisch überzogen war.

Koch ragte unter den Wandertruppenleitern seiner Zeit vor allem deshalb hervor, weil er ein neues Genre in sein Repertoire aufnahm: das deutsche Singspiel, das neben dem Lustspiel die meisten Zuschauer anzog. Hinzu kommt, daß er die Einseitig-

Friedrich Schiller: Wilhelm Tell
Rütlischwur
Kolorierter Stich von Johann Christian Ernst Müller nach Georg Melchior Kraus
Aus: Friedrich Schiller, Wilhelm Tell. Tübingen: Cotta 1804 (Erstausgabe)

keit der gängigen Wanderbühnenspielpläne erkannt hatte und deshalb das Repertoire seiner Bühne durch internationale Dramatik, speziell Shakespeare und moderne englische und französische Stücke, aufbesserte. Als er nach seinem Weimarer Intermezzo ein eigenes Theatergebäude in Berlin erwerben durfte, machte er diese kleine Bühne in der Behrenstraße, an sich nur eine »elend Bretterbud«, zum Ort denkwürdiger Ur- und Erstaufführungen: 1772 wurde Lessings ›Emilia Galotti‹, 1774 Goethes ›Götz‹ hier zum erstenmal aufgeführt. Döbbelin setzte im selben Gebäude Kochs Traditionen fort und sorgte für ein stabiles deutsches Repertoire, zu dem auch neueste Stücke zeitgenössischer Autoren gehörten.

Von der Schönemannschen Truppe spalteten sich 1741 Ackermann und Sophie Schröder ab und begründeten eine eigene Truppe, die nach langen Jahren des Umherziehens in Hamburg ihren festen Sitz aufschlug. Hier errichteten sie 1765 den Theaterbau am Gänsemarkt. Zwei Jahre später wurde in diesem Gebäude das von einer Gruppe Hamburger Kaufleute, darunter der spätere Wandertheaterleiter Abel Seyler, finanzierte ›Hamburger Nationaltheater‹ eröffnet, dem Lessing als Dramaturg und Berater zur Seite stand, das jedoch nur zwei Jahre Bestand hatte.

Ackermann bemühte sich als erster um eine realistische Darstellungskunst. Nicht zuletzt dieser war es zu verdanken, daß die Uraufführung von Lessings ›Miß Sara Sampson‹ 1755 in Frankfurt/Oder das Publikum derart beeindruckte, daß es »stille gewesen wie Statuen und geweint« haben soll.[5] Ackermann war es übrigens auch, der das erste Theaterstück Christoph Martin Wielands, des nachmaligen Prinzenerziehers am Weimarer Hof, das Trauerspiel ›Lady Johanna Gray‹, 1758 in Winterthur mit großem Erfolg uraufgeführt hat.

Ackermanns Nachfolge trat 1771 sein Stiefsohn Friedrich Ludwig Schröder an. Er wurde zu einer dominierenden Persönlichkeit der deutschen Schauspielkunst; selbst Goethe hat später, kurz vor Übernahme der Hoftheaterleitung 1791, den Rat des Theatererfahrenen gesucht. Schröder war einer jener schreibenden Theaterpraktiker, die entdeckten, daß sich das bürgerliche Unterhaltungsstück, des vorherrschenden rührseligen Grundtons wegen auch ›Rührstück‹ genannt, für die deutsche Bühne vorzüglich eignete. Dem Theater fehlten solche Stücke mit bürgerlichen Helden und einer eingängigen, meist dem bürgerlichen Familienalltag entlehnten Problematik. Schröder lieferte davon Dutzende und verfertigte damit für seine Bühne genau das, was die Zuschauer sehen wollten: das Theater als Spiegel ihrer eigenen Lebensumwelt, die nicht in Frage gestellt wurde. Darüber hinaus erwarb er sich als Theaterdirektor große Verdienste um die Popularisierung Shakespeares. Lessings Einfluß war es zu danken, daß Schröder von Mitte der siebziger Jahre an in kurzen Abständen mehrere Shakespeare-Dramen zur Erstaufführung in Hamburg brachte. Aber auch die Dramen des jungen Goethe, ›Clavigo‹ und ›Stella‹ sowie den bereits erprobten ›Götz‹, ließ er aufführen.

Der Schauspieler Schröder galt als großes Vorbild, wie seine begeistert aufgenommenen Gastspiele in Mannheim (1780), z.B. als Lear und Hamlet, als Odoardo in ›Emilia Galotti‹ neben Iffland als Marinelli, und seine nicht weniger erfolgreichen Jahre in Wien 1781 bis 1785 beweisen.

Die herausragende Schauspielerpersön-

Mad. Schröder-Devrient
bei ihrer Anwesenheit zu Weimar in 2 aus dem Leben gegriffenen und 3 dramatischen Darstellungen nach der Erinnerung aufgenommen
8 kolorierte Radierungen auf einem Blatt von August Böhme, undatiert
Goethe-Nationalmuseum Weimar

lichkeit des 18. Jahrhunderts war allerdings Ekhof. Er begann der Regieführung größeres Gewicht zu verschaffen, und er war einer der ersten, der die Anerkennung des Schauspielerberufs als gleichberechtigte bürgerliche Tätigkeit anstrebte. Seine eigentliche Berühmtheit erlangte Ekhof aber durch die Gestaltungskraft auf der Bühne. Ihm ging es um den Lebensrealismus in der Schauspielkunst, der freilich von dem Natürlichkeitsstil Friedrich Ludwig Schröders in der nächsten Generation noch um einiges entfernt war. Ekhofs Lebensrealismus in der Deklamation fand Unterstützung durch eine eindrucksvolle Gebärdensprache und Mimik. Auch Goethe lernte Ekhof kennen und schätzen und bewog ihn, in einer Aufführung des Weimarer Liebhabertheaters im Januar 1778 mitzuwirken: als Kaufmann Stockwell im ›Westindier‹ von Cumberland.[6]

Die genannten Wanderbühnen hatten in den Jahrzehnten nach den Reformen der Neuberin an deren Ideen angeknüpft. Für das intellektuelle Bürgertum war das ein hoffnungsvolles praktisches Wirken, denn »das Theater, dessen bevorzugte Stellung innerhalb der höfisch-feudalen Kultur den bürgerlichen Ständen ihre gesellschaftliche Unmündigkeit in besonders drastischer Weise vor Augen führte, wurde für die Durchsetzung einer eigenen, bürgerlich bestimmten Kultur der entscheidende Kampfplatz«[7].

Von diesen Theatertruppen hätte die Erneuerung der deutschen Theaterkunst ausgehen müssen, aber das Wanderbühnendasein bot dafür nicht die nötigen materiellen Voraussetzungen. So etablierte sich das deutschsprachige Theater dort, wo die erforderlichen Mittel bereitstanden: an den Fürstenhöfen. Mit fürstlichem Geld wurde – sozusagen von oben – jene Theaterreform verwirklicht, die von bürgerlichen Intellektuellen schon lange gefordert und angestrebt worden war. Allerdings hatten sich ihre Vorstellungen auf eine Reform gerichtet, die von der theaterpraktisch tätigen Künstlerschaft, von den Dramatikern, den Bühnenleitern, also von unten ausgehen sollte. In Abgrenzung von Gottsched schufen vor allem Lessing und Friedrich Nicolai das theoretische Fundament für die bürgerliche Theaterreform, aber die entscheidenden Schritte zu ihrer praktischen Verwirklichung waren ohne die deutschen Herrscherhäuser nicht möglich. Karl Friedrich Zelter bemerkte ganz richtig: »... ein Hoftheater ist überall nothwendig, wo ein Hof ist, wenn ein Publikum noch nicht Eifer genug zeigt für seine besten Dichter.«[8] Damit besaßen die jeweiligen Fürstenhäuser natürlich auch ein erhebliches Mitspracherecht in allen wesentlichen Theaterangelegenheiten.

Ruth Freydank faßt die Entwicklung des deutschen Theaters im 18. Jahrhundert folgendermaßen zusammen: »Bereits Gottsched, aber vor allem Lessing, hatten aus dem öffentlichen Charakter der Bühne deren Verpflichtung abgeleitet, zur sittlichen Bildung des Volkes beizutragen. Hatte sich diese Forderung in der ersten Hälfte des 18. Jahrhunderts gegen die ständische Ordnung des absolutistischen Systems und vorzugsweise gegen die französische Über-

Pedro Calderon de la Barca: Das Leben ein Traum, übersetzt von Friedrich Hildebrand von Einsiedel
Aquarell von Carl August Schwerdgeburth, undatiert
Goethe-Nationalmuseum Weimar
Erstveröffentlichung 1812 in Weimar aufgeführt, fand das Stück als das »geschätzteste Preis- und Ehrenstück« (Journal des Luxus und der Moden, Band XXX, S. 222) eine positive Resonanz.

fremdung gerichtet, so gewann in der zweiten Hälfte des Jahrhunderts angesichts der politischen und territorialen Zersplitterung der Ruf nach einer die ganze Nation einenden Bühne mehr und mehr an Gewicht … [–] Der Staat war aufgerufen, sich mit dem Theater und durch dieses ein Instrument zu schaffen, das zum Nutzen für das Gemeinwesen einer allgemeinen Volkserziehung dienen sollte. Dies bedeutete eine weitere Politisierung der einst von Gottsched in Angriff genommenen Theaterreform. Die Bühne der wandernden Prinzipale hatte sich für ein solches Unternehmen als untauglich erwiesen. So war bereits Lessing … zu der Auffassung gelangt, wenn das Theater sich als ein Kunstinstitut frei entfalten solle, so müsse die Bühne der Sorge um ihre materielle Existenz enthoben werden. Auf die Nationaltheater-Idee folgte notwendig die Forderung nach dem staatlich subventionierten Theater als der einzig möglichen Organisationsform.«[9]

Einige dieser subventionierten Theater hießen ›Hof- und Nationaltheater‹, andere bekannten sich bereits mit ihrem Namen zu der Funktion eines bloßen Hoftheaters. Die Doppelbezeichnung sollte einen nationalen Anspruch ausweisen, dem diese Theater aber nur in geringem Maße genügen konnten: als Hoftheater hatten sie den

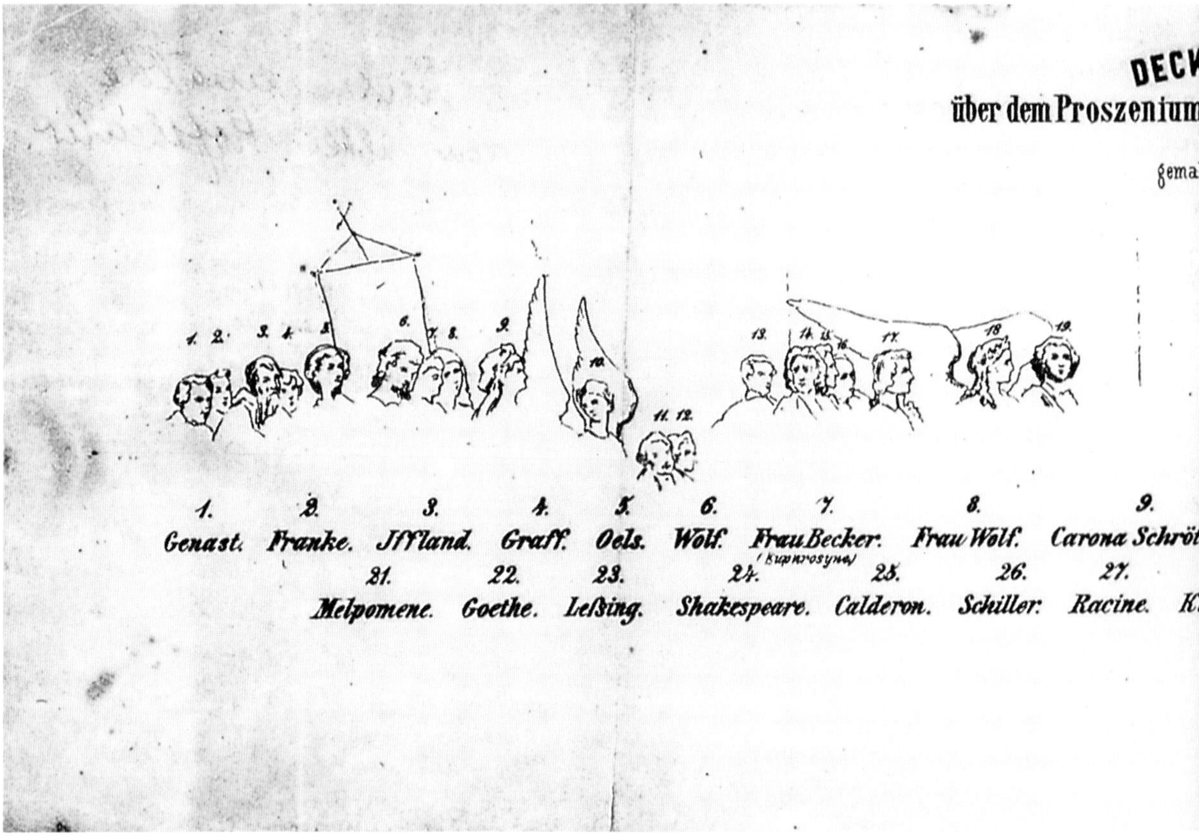

Interessen der fürstlichen Obrigkeiten zu dienen, und diese gingen mit den nationalen, d.h. auf eine geeinte deutsche Nation ausgerichteten Interessen in der Regel kaum überein. Ein Hoftheater konnte demnach nicht zugleich ein wahrhaftes Nationaltheater sein.

Wenn überhaupt eine dieser höfischen Bühnen ›nationales‹ Interesse verfolgte, dann bezog sich das meist nur auf das eigene staatliche Territorium. Lessing hat dafür treffende Worte gefunden. In bezug auf das neugegründete Mannheimer Nationaltheater äußerte er gegenüber seinem Bruder Karl Gotthelf am 25. Mai 1777 sarkastisch: »Mit einem deutschen Nationaltheater ist es lauter Wind, und wenigstens hat man in Manheim nie einen andern Begriff damit verbunden, als daß ein deutsches Nationaltheater daselbst ein Theater sey, auf welchem lauter geborne Pfälzer agirten. An das, ohne welches wir gar keine Schauspieler hätten, ist gar nicht gedacht worden. Auch die Schauspieler

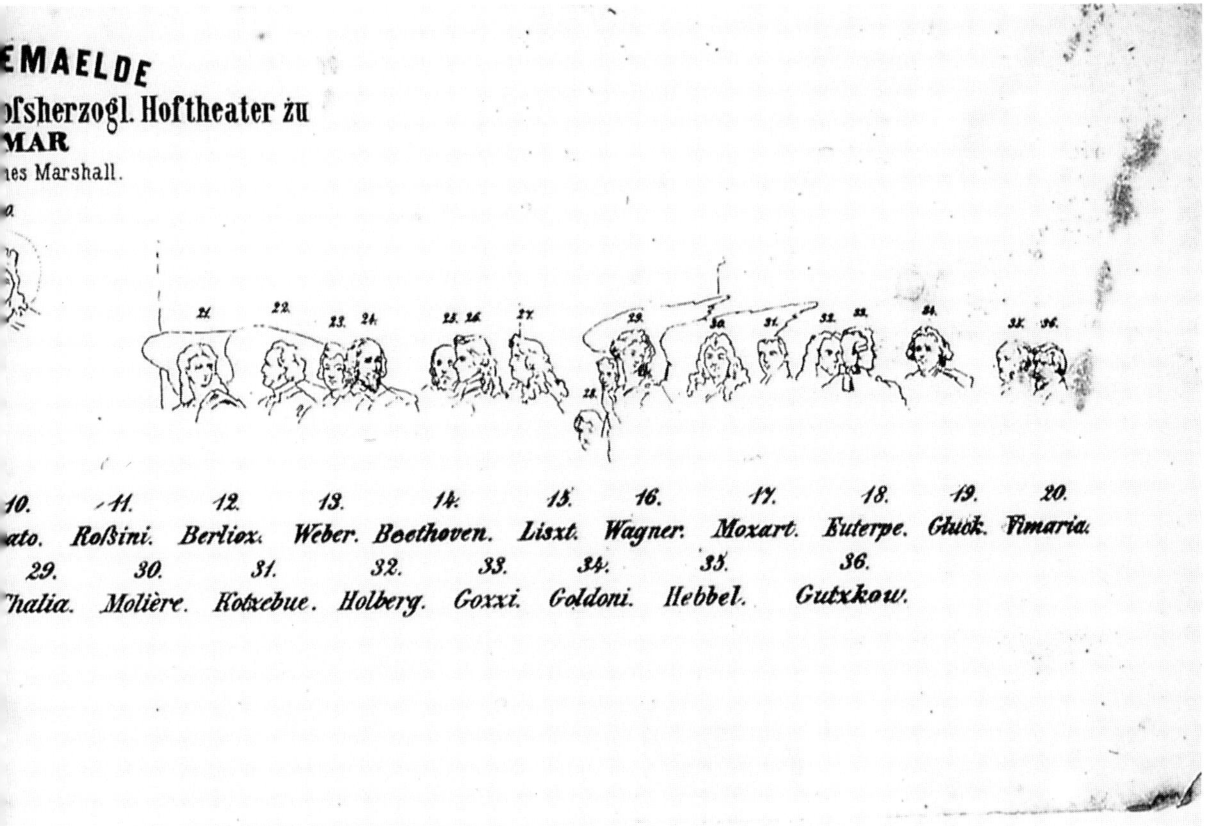

selbst halten nur das für ein wahres Nationaltheater, das ihnen auf Lebenslang reichlich Unterhalt verspricht. Stücke, die zu spielen sind, fliegen ihnen ja doch genug ins Maul.«[10]

August Wilhelm Iffland kam einige Jahre später zu einem sehr ähnlichen Urteil: »Wir haben, im Ganzen genommen, keinen Patriotismus für Deutsche, und Deutschland überhaupt; was wir so nennen, ist Eigensinn für die Provinz, deren Eingebohrne wir sind. Le Roi et la Nation!

Deckengemälde über dem Proszenium im Großherzoglichen Hoftheater zu Weimar
(erbaut 1825, abgebrannt 1907)
Druck nach einer Federzeichnung von James Marshall, undatiert
Goethe-Nationalmuseum Weimar

rufe man das in Paris – und der Franzose aus Lyon und Bretagne, aus Nancy und Orleans haben nur ein Interesse. Der Kaiser und Deutschland! – rufe man das in Wien, und der Deutsche aus Bremen und München, Berlin und Dreßden, haben dabey ganz verschiedenes Interesse.«[11]

Es wurde schon angedeutet, daß die von oben initiierte Theaterreform im ausgehenden 18. Jahrhundert zu grundlegenden Wandlungen in den verschiedenen Bereichen des Theaters führte. Nun, da den Darstellern die existentiellen Sorgen aus Wanderbühnenzeiten genommen waren, konnte der Blick auf die Vervollkommnung der schauspielerischen und gesanglichen Fähigkeiten gerichtet werden. Man durfte mit gleichbleibenden Bühnenverhältnissen rechnen, der Dekorationsfundus war keinem so hohen Verschleiß mehr unterworfen, und dank fester Repertoires rentierten sich auch größere Investitionen in eine Neuinszenierung. Diese Veränderungen kamen der Theaterarbeit sehr zugute: jeder, der seinen speziellen Beitrag zu einer Inszenierung zu leisten hatte, konnte sich auf seine Aufgabe konzentrieren und im Rahmen der jeweils vorgegebenen Möglichkeiten nach besten Lösungen suchen.

Wenn wir uns im folgenden mit dem Theaterstück und seiner schauspielerischen Umsetzung durch die Darsteller zur Zeit Goethes befassen, so interessiert uns zunächst, was gespielt wurde, warum und in welchem Umfang. Wir untersuchen weiterhin, in welcher Weise die Schauspieler agierten und wie Goethe in Weimar einen neuen Darstellungsstil kreierte. Und wir betrachten schließlich jenen Personenkreis näher, der für Theater unmittelbar konstitutiv ist: die Schauspieler, die Zuschauer und die Bühnenautoren, wobei uns deren unterschiedliches, z.T. existentielles Interesse am Theater besonders wichtig ist. Wir gehen in unseren Betrachtungen von den Weimarer Theaterverhältnissen aus und knüpfen an gegebener Stelle Querverbindungen zu anderen führenden Bühnen dieser Zeit.

Unter den veränderten Existenzbedingungen der Theater konnten sich auch zwei künstlerische Bereiche weiterentwikkeln, die zum Gelingen einer Inszenierung Entscheidendes beitragen: Bühnenbild und Kostüm. Da vielerorts Theaterneubauten mit größeren Bühnen entstanden, eröffneten sich neue bühnentechnische Möglichkeiten und damit speziell für das Bühnenbild neue Perspektiven. Die Behandlung dieser Entwicklung muß jedoch einer späteren Arbeit vorbehalten bleiben.

Das Repertoire des Weimarer Theaters

Das Weimarer Theater zur Zeit Goethes unterschied sich in seinem Repertoire von dem anderer Bühnen dieser Jahrzehnte nicht wesentlich. Freilich nahm es unter den deutschen Theatern insofern eine Sonderstellung ein, als hier ein Großteil der klassischen Dramen Goethes und Schillers aufgeführt oder uraufgeführt wurde, noch dazu in einem ganz und gar eigenen Darstellungsstil. Was aber sonst in den Jahren 1791 bis 1817, in denen Goethe das Theater leitete, auf den Spielplänen stand, entsprach im allgemeinen dem, was man anderswo auch spielte.

Wie ist dies zu erklären, worin besteht das Typische der damaligen Repertoires und woran läßt sich Goethes Einfluß auf das Weimarer Repertoire ablesen?

Bevor wir die erste Frage zu beantworten versuchen, seien zunächst einige Zahlen genannt. Was in Weimar auf die Bühne kam, waren zu 95 Prozent Singspiele französischer, spanischer, italienischer und auch deutscher Autoren, Komödien sowie Opern und bürgerliche Schauspiele. Dies trifft auch für die renommierten Bühnen in Berlin, München oder Wien zu. Die restlichen Prozente entfielen vor allem auf Stücke von Goethe, Schiller und Lessing. Dieser geringe Anteil mag zunächst verwundern, weil man für Goethes und Schillers Dramen einen größeren Wirkungsradius erwartet. Genauer besehen aber schneiden einzelne Stücke, besonders von Schiller, in bezug auf die Zahl der Vorstellungen gar nicht so schlecht ab, während andererseits einige wiederum über eine Aufführung nicht hinauskamen (z.B. Goethes ›Paläophron und Neoterpe‹).

Die erfolgreichsten Bühnenautoren auf dem Weimarer Theater waren August Kotzebue, Iffland und Schiller. Bei den Aufführungszahlen einzelner Stücke rangierte Schillers ›Wallensteins Lager‹, das man damals noch losgelöst von den beiden übrigen Teilen der Tragödie gab, an oberster Stelle mit 52 Vorstellungen. Iffland konnte seinen größten Erfolg mit den ›Hagestolzen‹ (40 Aufführungen) verbuchen, Kotze-

bue erreichte mit seinem Lustspiel ›Der Wildfang‹ 34 Aufführungen.

Betrachtet man die Gesamtzahl der gespielten Stücke jener Autoren, so ist Kotzebue an erster Stelle zu nennen, von dem Goethe 87 verschiedene Bühnenwerke zur Aufführung brachte, von Iffland stammten 37. Dagegen steht Schiller mit 18 Titeln zu Buche und Goethe mit 20. Hier ist erklärend zu sagen, daß von Schiller nicht nur die großen Tragödien aufgeführt wurden, sondern auch eine dramatisierte Form der ›Glocke‹ oder Bearbeitungen wie z. B. ›Macbeth‹ von Shakespeare. Ähnlich verhielt es sich bei Goethe, von dem vor allem Lust- und Singspiele auf die Bühne kamen oder auch das Vorspiel ›Was wir bringen‹, mit dem die Lauchstädter Bühne nach dem Umbau 1802 wiedereröffnet wurde.

Die Aufführungszahlen verdeutlichen, daß der Schwerpunkt des Spielplans auf

Das Weimarer Hoftheater (erbaut 1779, abgebrannt 1825)
Druck nach einer Federzeichnung von »S. W.«, undatiert
Goethe-Nationalmuseum Weimar

leicht verdaulicher Theaterkost lag. Der Erfolg oder Mißerfolg einer Inszenierung entschied sich im Zuschauerraum, und von der Reaktion des Publikums hing es ab, ob die Einnahmen der nächsten Tage und Wochen gesichert waren oder nicht. Im letzten Falle mußte in eine neue Inszenierung investiert werden, und das warf ein Theater wirtschaftlich zurück. Goethe hat die Abhängigkeiten eines Theaterdirektors genau beschrieben: »Das Theater ist eines der Geschäfte, die am wenigsten planmäßig behandelt werden können; man hängt durchaus von Zeit und Zeitgenossen in jedem Augenblicke ab; was der Autor schreiben, der Schauspieler spielen, das Publicum sehen und hören will, dieses ist's, was die Directionen tyrannisirt und wogegen ihnen fast kein eigner Wille übrig bleibt.«[12]

Betrachten wir nun einmal genauer, was das Weimarer Publikum sehen und hören wollte.

Der musikliebende Kreis um die Herzoginmutter Anna Amalia, das regierende herzogliche Paar und sein Hofstaat sowie der städtische Adel interessierten sich am meisten für Singspiele, Operetten und Opern, auch für Schauspiele mit Musikeinlagen, für Ballett oder rein konzertante Aufführungen ohne dramatische Zutat.

Die besondere Neigung zur Musik war allerdings nicht nur für Weimar bezeichnend, sie bestimmte den vorherrschenden Geschmack an den Höfen überhaupt. Weimar war durch das Wirken Anna Amalias in den sechziger und siebziger Jahren für die Aufnahme von Musik besonders prädestiniert. Erstaunlich ist daher, daß Goethe während seiner Direktionszeit in Weimar trotzdem insgesamt doppelt soviel Sprechstücke wie Musikwerke aufführte, wenn dies auch seiner besonderen Neigung zum Wort und seinem erzieherischen Programm entsprach.

Im Bereich Sprechtheater standen in der Gunst des Publikums Lustspiele am höchsten: Verwechslungskomödien, Familiendramen mit glücklichem Ausgang, deren Stoffe dem bürgerlichen Alltag entlehnt waren. Gelegentlich fand man auch an etwas Tragischem Gefallen, doch vertrugen die Nerven vor allem des weiblichen Publikums die damit verbundenen Strapazen nur bedingt. Goethe brachte am Weimarer Theater bei fünf Lustspielen jeweils ein Trauerspiel auf die Bühne. Unter diesen wiederum stammte nur jedes vierte aus seiner eigenen oder Schillers Feder. Der geringe Anteil der klassischen Dramatik am Repertoire der Weimarer Bühne findet an den anderen deutschen Theatern dieser Zeit seine Entsprechung, und die hier genannten Vergleichszahlen sind insgesamt durchaus verallgemeinerungsfähig. Goethe oder Schiller sahen darin allerdings keinen Grund zur Klage, ja Goethes Engagement für die Inszenierung seiner eigenen Stücke ist eher zurückhaltend zu nennen. Manches Werk, z. B. seinen ›Tasso‹, sparte er regelrecht auf; immerhin lag dieser 18 Jahre fertig vor, ehe er ihn 1807 zur Einstudierung freigab. Für Schiller spielte die Weimarer Bühnenpraxis eine größere Rolle: hier konnte er alle seine späteren Dramen (mit Ausnahme der ›Jungfrau von

Orleans‹) uraufgeführt sehen, seine dramatischen Produktionen wurden sofort theaterwirksam, und die jeweilige Erprobung auf der Bühne war für sein weiteres Schaffen äußerst förderlich. Der Anteil seiner Stücke am Weimarer Spielplan wuchs mit dem Beginn des 19. Jahrhunderts, während der von Ifflands Stücken im selben Maße zurückging. Dies hängt auch damit zusammen, daß das Weimarer Schauspielerensemble durch Goethes intensives Bemühen um eine neue Darstellungsweise von Jahr zu Jahr dazulernte und klassische Stücke immer besser zu bewältigen verstand.

Schillers außerordentliche dramatische Produktivität in seinen letzten acht Lebensjahren drängte geradezu nach einer umgehenden bühnenpraktischen Verwirklichung, und Goethe beförderte dies als Leiter der Weimarer Bühne nach Kräften. Dabei wirkte es sich außergewöhnlich günstig aus, daß Goethe und Schiller in ihren ästhetischen Anschauungen im wesentlichen übereinstimmten und in der Bühnenpraxis fruchtbar zusammenarbeiten konnten.

Gewannen Schillers Tragödien im beginnenden 19. Jahrhundert eine gewisse Dominanz innerhalb des Sprechtheaters, so blieb Goethe vor allem durch Werke des heiteren Genres präsent. In Weimar erfreuten sich ›Die Mitschuldigen‹ besonderer Gunst. Daß er sich mit Inszenierungen seiner eigenen Dramen zurückhielt, mag mancherlei Ursachen haben; möglicherweise erschien ihm sein Weimarer Schauspielerensemble lange Zeit nicht ausge-

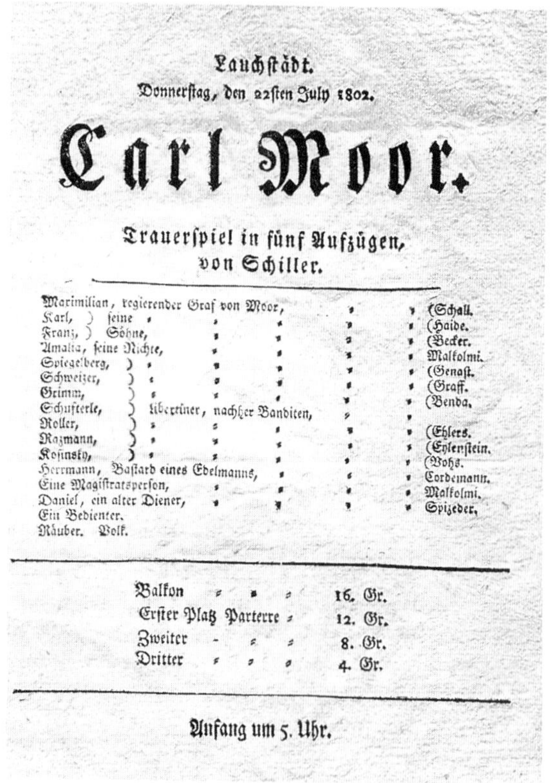

Lauchstädt.

Donnerstag, den 22sten July 1802.

Carl Moor.

Trauerspiel in fünf Aufzügen,
von Schiller.

Maximilian, regierender Graf von Moor,	(Schall.
Karl,) seine	(Haide.
Franz,) Söhne,	(Becker.
Amalia, seine Nichte,	Malkolmi.
Spiegelberg,)	(Genast.
Schweizer,)	(Graff.
Grimm,)	(Benda.
Schufterle,) Libertiner, nachher Banditen,	
Roller,)	(Ehlers.
Razmann,)	(Eylenstein.
Kosinsky,)	(Vohs.
Herrmann, Bastard eines Edelmanns,	Cordemann.
Eine Magistratsperson,	Malkolmi.
Daniel, ein alter Diener,	Spizeder,
Ein Bedienter.	
Räuber. Volk.	

Balkon	16. Gr.
Erster Platz Parterre	12. Gr.
Zweiter	8. Gr.
Dritter	4. Gr.

Anfang um 5. Uhr.

Friedrich Schiller: Die Räuber
Theaterzettel zu ›Carl Moor‹ in Lauchstädt, 22. Juli 1802
Zentralbibliothek der deutschen Klassik Weimar

Die Merseburger Stiftsregierung, der Lauchstädt unterstand, hatte bis 1801 die Aufführung von Schillers ›Räubern‹ verboten. Als die Weimarer Theatergesellschaft das Stück dann bringen durfte, erschien es entschärfend unter dem Titel ›Carl Moor‹.

reift genug für adäquate Umsetzungen auf der Bühne.

Goethe hat am Weimarer Theater während mehr als eines Vierteljahrhunderts im Grunde dieselbe Mischung an leichter und schwerer Theaterkost angeboten wie die Direktoren der Hofbühnen in Wien, Berlin oder München. Den Grund dafür hat Goethe selbst beschrieben, daß nämlich ein Theaterdirektor seinem Publikum weitestgehend entgegenkommen mußte, um es ins Theater zu ziehen. Volle Kassen aber waren vor allem von heiteren, volksnahen Bühnenstücken zu erwarten, und erst die Einnahmen mehrerer Abende mit solchen Stücken ermöglichten das Risiko der Inszenierung eines anspruchsvolleren Werkes. Das finanzielle Grundproblem der Theater war letzthin, daß die Fürsten ihre Hofbühnen zwar – wenn auch in unterschiedlichem Maße – subventionierten, daß diese Gelder aber nicht ausreichten. Goethe hielt es übrigens für einen gesunden Zustand, wenn ein Theater gezwungen war, sich durch ein klug zusammengestelltes Repertoire finanziell selbst zu tragen. Für die Weimarer Bühne bedeutete das, daß die eingespielten Gelder aus der Spielsaison im Sommer, die über Jahre im Kurort Lauchstädt stattfand, die Einnahmeverluste in der besucherärmeren Winterspielzeit in Weimar ausgleichen mußten.

Unter solchen Umständen konnte die klassische Dramatik im Repertoire einfach keine größere Rolle spielen. Einige Theaterschriftsteller griffen zum Stift und ›bearbeiteten‹ Stücke Goethes, Schillers, Shakespeares u.a., um sie ›spielbar‹, d.h. publikumsgängig zu machen. Manches

Johann Wolfgang Goethe: Paläophron und Neoterpe Kostümentwürfe
Bleistiftzeichnung von Clemens Wenzeslaus Coudray, 1800
Goethe- und Schiller-Archiv Weimar
Erstveröffentlichung

Friedrich Schiller: Die Jungfrau von Orleans Darstellung des Krönungszuges im vierten Akt nach der zweiten Berliner Inszenierung Ifflands im neuerbauten großen Schauspielhaus auf dem Gendarmenmarkt
Kolorierter Stich von Johann Friedrich Jügel nach Heinrich Anton Dähling, 1806
Goethe-Nationalmuseum Weimar
Schiller hatte Sorge, daß Iffland sein Stück mit dem prächtigen Krönungszug, der sich aus 297 verschieden gekleideten Personen zusammensetzte, erdrükken würde.

neue Stück fiel zunächst regelrecht durch, weil es unbearbeitet gegeben wurde und damit den Zuschauererwartungen nicht genügend entgegenkam. Jahre später, bei entsprechend veränderten Rezeptionsgewohnheiten, konnte das schon völlig anders aussehen, wie die in Weimar recht erfolglos gelaufene Oper ›Fidelio‹ von Beethoven beweist. Ähnliches Unverständnis brachte man 1803 in Berlin Goethes ›Iphigenie‹ entgegen; 18 Jahre später eröffnete das von Karl Friedrich Schinkel erbaute neue Schauspielhaus am Gendarmenmarkt seine erste Spielzeit mit eben demselben Stück, nun unter tosendem Beifall. Solche Beispiele ließen sich fortsetzen.

Die Weimarer Uraufführungen klassischer Dramen fanden zwar unter Literatur- und Theaterkennern besondere Aufmerksamkeit, denn in diesen Kreisen waren Goethe und Schiller wohlbekannte Autoren. Für das übrige Publikum aber rangierten ihre Namen gleichberechtigt neben denen bürgerlicher Tagesdramatiker wie Kotzebue und Iffland. Auch Goethes und Schillers Dramen mußten sich unter diesen Bedingungen wie jedes andere neue Stück auf der Bühne erst einmal durchsetzen.

Um die Vorstellungen attraktiv und die

Zuschauer neugierig zu machen, nahm mancher Theaterdirektor nicht nur den Rotstift zur Hand und ›besserte‹ ein Manuskript aus, sondern griff auch willkürlich in die Dramaturgie ein, um Teile der Handlung hervorzuheben oder gar zu verselbständigen. So geschah es z.B. mit Schillers ›Jungfrau von Orleans‹, die Iffland 1801 in Berlin inszenierte. Ihm hatte es besonders der Krönungszug im 4. Akt angetan. Iffland legte größte Sorgfalt auf die Ausstaffierung der Figuren und ließ allein für diese Szene 297 verschiedene Kostüme anfertigen. So manchen Berliner zog es nur deshalb in eine der Vorstellungen, weil man diesen sensationellen Krönungszug einfach gesehen haben mußte.

Wie oben dargelegt, hatte jeder deutsche Theaterleiter besonderes Gewicht auf die Pflege des Musiktheaters zu legen. Untersuchen wir nun im folgenden, wie sich Oper und Singspiel im 18. Jahrhundert verbreiteten, wie sie sich in Weimar entwikkelten und worin ihre Anziehungskraft bestand.

Singspiel bedeutet im Gegensatz zur Oper nichts anderes als ein Lustspiel mit musikalischen Einlagen, meist in volksliedhafter Art, z.T. auch mit eingefügten Tänzen. Man kann es als Vorform der im späteren 19. Jahrhundert entstandenen Operette ansehen (Goethe hat diese Bezeichnung im übrigen gelegentlich schon verwendet). Die Grenzen zwischen Singspiel und Oper sind fließend, und in vielen Fällen läßt sich ein musikdramatisches Werk nicht eindeutig dem einen oder anderen Genre zuordnen. Wir legen deshalb

Friedrich Schiller:
Die Jungfrau von Orleans
Kostümfigurine der Johanna
Johanna in der Schlacht
Kolorierter Stich von Carl Friedrich Thiele
Aus: Neue Kostüme auf den beiden Königlichen Theatern in Berlin. Band 1, Berlin 1817

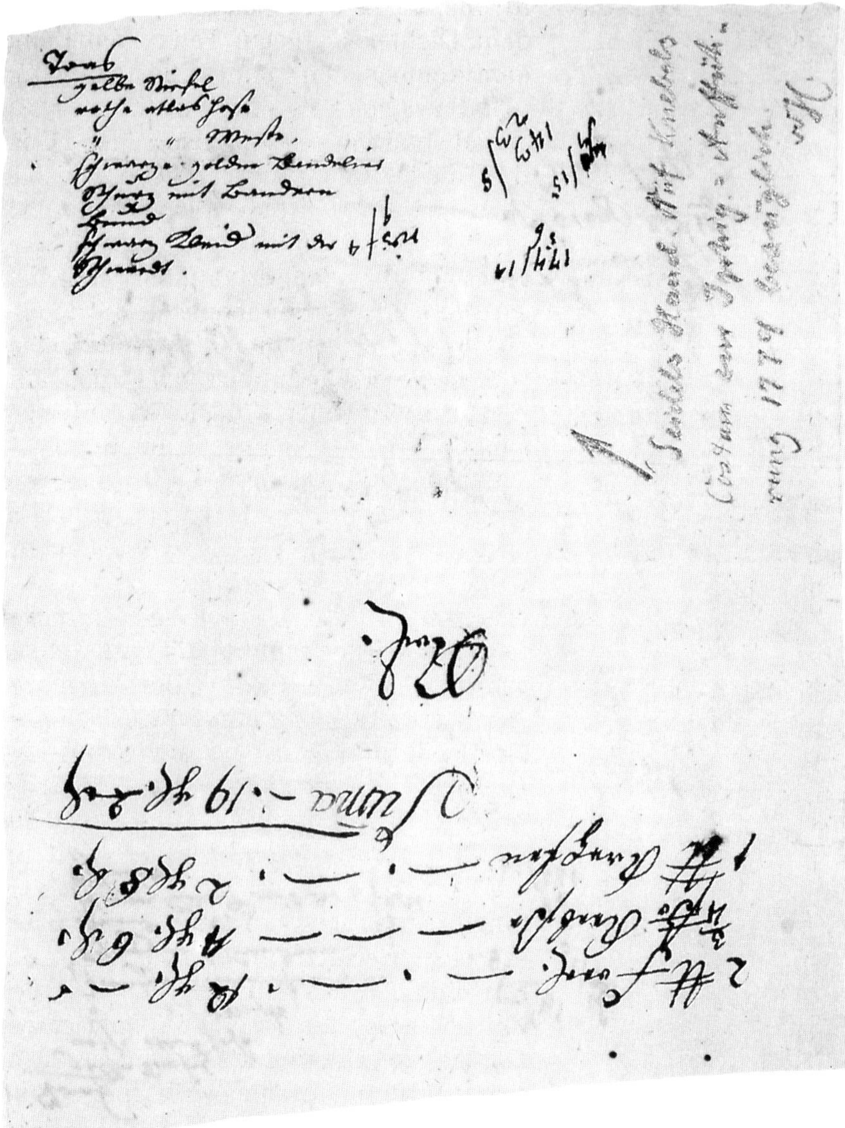

Johann Wolfgang Goethe: Iphigenie auf Tauris
Beschreibung des Kostüms des Thoas
Handschrift von Philipp Seidel
Goethe- und Schiller-Archiv Weimar
Karl Ludwig von Knebel spielte die Rolle zur Uraufführung der ›Iphigenie‹ am 6. April 1779 auf dem Weimarer Liebhabertheater.

Toas
gelbe Stiefel
rothe atlashose
„ „ Weste
schwarze goldne Bandelier
Schurz mit Bandern
Bund
schwarz Kleid mit der (?)
Schwerdt.

Johann Friedrich Reichardt
Bleistiftkarikatur von unbekannt, 1809
Goethe- und Schiller-Archiv Weimar
Erstveröffentlichung

für die Stücke der siebziger Jahre die von dem Dichter Christian Felix Weiße und dem Komponisten Adam Hiller geschaffenen Singspiele als eine Art Muster zugrunde und zählen dementsprechend Goethes musikdramatische Schöpfungen, die Stücke von Karl Ditters von Dittersdorf sowie die frühen Werke Mozarts zur Gattung Singspiel. Die späteren Bühnenwerke Mozarts und anderer Komponisten, die anders als die Singspiele nicht mehr von Laien bewältigt werden konnten, sondern das Können professioneller Künstler erforderten, sind dagegen den Opern zuzurechnen.

Goethe hat bekanntermaßen mehrere Singspiele geschrieben und sich mit dem Genre auseinandergesetzt. Anlässe dafür boten ihm u.a. verschiedene höfische Feierlichkeiten wie Geburtstage, Jubiläen usw. Besondere Produktivität entfaltete er für das Liebhabertheater des Weimarer Hofes zwischen 1776 und 1781, das unter Goethes Führung seine Glanzzeit erlebte. Hier betätigten sich Mitglieder der herzoglichen Familie, begabte Angehörige des Hofes und des Weimarer Bürgertums. Goethes vielgestaltige Aktivitäten als Pantomime, Schauspieler, Tänzer und Stückeschreiber weckten in ihm jenen besonderen Sinn für das Theaterpraktische, der ihm später bei der Leitung des Hoftheaters zugute kam. Die meisten der für das Liebhabertheater verfaßten Singspiele und Stücke erhielten im Repertoire des Hoftheaters ihren festen Platz und fanden erneut ihr Publikum.

Die Pflege des Singspiels hatte in Weimar eine gewisse Kontinuität. Als Seyler

1774 nach Gotha ging, setzte das Liebhabertheater die Traditionen auf diesem Gebiet fort, wenn auch auf einem bescheideneren künstlerischen Niveau – spielten doch hier in der Mehrzahl Dilettanten. Als Goethe zu diesem Kreis stieß, zeichnete sich die Hauptrichtung der Theaterentwicklung schon ab, und Goethe suchte darin seinen Platz. Den Geschmack der Zeit repräsentierten vor allem die Singspiele, die Koch und Seyler aufführten, und diese stammten zumeist aus der Feder von Adam Hiller und Christian Felix Weiße. Eines davon, ›Die Jagd‹, war Herzogin Anna Amalia gewidmet, und mit ihm hatte das Singspiel als für deutsche Verhältnisse neues Genre Jahre vor Goethes, Zeit auf der Weimarer Bühne seinen Einzug gehalten. Den Höhepunkt dieser Tradition zur Zeit Anna Amalias bildete jedoch die von dem Musikdirektor der Seylerschen Truppe, Anton Schweitzer, vertonte Wielandsche ›Alceste‹ (1772 uraufgeführt). Wenn dies auch nicht das erste deutsche Singspiel von höherer Qualität überhaupt war, so war es wohl das erste, das sich einem in diesem Genre bisher völlig unbeachteten Stoffreservoire zuwandte: der antiken Mythologie.

Goethe knüpfte bewußt an die unter Anna Amalia geschaffene Tradition der Singspielpflege an: was er an neuen Stükken für das Liebhabertheater schrieb, waren im wesentlichen Singspiele, so z.B. ›Erwin und Elmire‹, vertont von Anna Amalia, die im übrigen auch öfter in einem Stück selbst mitspielte. Die Geburtstage von Herzogin Luise 1777 und 1778

Corona Schröter
Selbstbildnis
Ölgemälde, um 1780
Goethe-Nationalmuseum Weimar
Einzige professionelle Schauspielerin des Liebhabertheaters.

Illustrationen zu ›Das Römische Karneval‹ von Johann Wolfgang Goethe
Kolorierte Radierungen von Georg Melchior Kraus nach Georg Schütz
Aus: J. W. Goethe, Das Römische Karneval. Weimar, Gotha: Ettinger in Comm., Berlin: Unger 1789
Georg Schütz zeichnete und kolorierte die Masken nach Entwürfen Goethes.

1.
2
3

boten ihm Anlaß für ›Lila‹ und ›Der Triumph der Empfindsamkeit‹, jeweils in der Vertonung des Kammerherren Sigmund Freiherr von Seckendorff. Auch in den beiden folgenden Jahren führte die Liebhaberbühne neue Singspiele von Goethe/Seckendorff auf: ›Die Laune des Verliebten‹ und ›Jery und Bätely‹, »eine kleine Operette, worin die Akteure Schweizerkleider anhaben und von Käs und Milch sprechen werden«[13]. Später kam dieses Stück mit der Musik von Johann Friedrich Reichardt auf das Weimarer Hoftheater und wurde dort mit 24 Aufführungen das meistgespielte Goethe-Singspiel. Einen Einschnitt in Goethes Beschäftigung mit dem Singspiel brachte sein Italienaufenthalt 1786–1788. Hier erfuhren seine Ansichten über dieses Genre grundsätzliche Wandlungen. Nun fand er die Texte von Weiße ›fade‹, und die Dialoge, die Verbindungsglieder zwischen den Liedern, erschienen ihm ohne Stil und Poesie. Das Erlebnis der originalen italienischen Opera buffa in Venedig hatte neue Maßstäbe gesetzt. Von jetzt an strebte er nach Harmonisierung und Poetisierung des Ganzen: nicht nur die Melodie, auch der Text mußte sich einem Rhythmus unterwerfen und wurde in Versform gefaßt. Seine frühen Stücke ›Erwin und Elmire‹, ›Scherz, List und Rache‹ und ›Claudine von Villa Bella‹, letzteres ebenfalls von Reichardt in Musik gesetzt, hielten den neuen Kriterien nicht mehr stand und wurden von Goethe völlig umgearbeitet.

Aber schon vor der Italienreise hatte er an seinen Bemühungen um das Singspiel zu zweifeln begonnen, als er Wolfgang Amadeus Mozarts ›Entführung aus dem Serail‹ kennenlernte. Was Goethe an dieser neuartigen Schöpfung so imponierte, war die geniale Verflechtung zweier Stile: Die Arienform der Opera buffa verschmolz hier mit der Liedform und dem Dialog des deutschen Singspiels zu einer neuen, höheren Form. Noch vor der Gründung des Weimarer Hoftheaters 1791 brachte der fest in Weimar engagierte Theaterleiter Joseph Bellomo 1785 die ›Entführung aus dem Serail‹ auf die Bühne und begeisterte damit die Weimarer.

Während der Goetheschen Direktion bildeten Mozarts Singspiele und Opern eine der Hauptsäulen des Repertoires, und sie trugen wesentlich zu der von Goethe beabsichtigten musikalischen Bildung des Weimarer Publikums bei. Als meistgespieltem Komponisten gehörten Mozart 280 Abende, 82 davon fielen allein auf ›Die Zauberflöte‹; ›Don Giovanni‹ und ›Die Entführung aus dem Serail‹ folgten mit 68 bzw. 49 Spielabenden. Die am wenigsten gespielte Mozart-Oper, ›Die Hochzeit des Figaro‹, wurde zwanzigmal gegeben, also fast so oft wie Goethes meistaufgeführtes Stück. Im Repertoire des Weimarer Hoftheaters spielte ›Die Zauberflöte‹ eine besondere Rolle. Sie war so etwas wie ein Vorzeigestück und muß auch von der gesanglichen und orchestralen Bewältigung her hohen Ansprüchen genügt haben. ›Die Zauberflöte‹ stand auf dem Spielplan, als zwischen Dezember 1818 und Januar 1819 die Zarenmutter Maria Feodorowna Weimar besuchte. Es ist überliefert, daß ihr die Aufführung so gut gefiel, daß sie eine

Wolfgang Amadeus Mozart: Titus Capitol in der Oper Titus, ausgeführt für das Großherzogliche Hoftheater zu Weimar

Bühnenbildentwurf
Kolorierte Aquatintaradierung, nach 1815
Aus: Dekorationen für die Schaubühne, nebst einem Vorwort über Theatermalerei von F. Ch. Beuther.
Braunschweig 1824
Aus Goethes Bibliothek

zweite und sogar eine dritte Wiederholung wünschte. Bei der dritten sang schließlich Papageno-Darsteller Karl Wolfgang Unzelmann mit einem Ausdruck von Überdruß: »Seht, Papageno ist *schon wieder* da!«, eine eigenmächtige Variation, die Maria Feodorowna mit Wohlwollen aufgenommen haben soll.[14]

Goethe interessierte sich sehr für das Theaterleben anderenortes und ließ sich etwa von seiner Mutter aus Frankfurt a. M. berichten. Ähnlich wie in Weimar und anderen Städten machte Mozarts letzte Oper auch hier Furore. Goethes Mutter schrieb am 9. November 1793 darüber: »Neues gibts hir nichts, als daß die Zauberflöte 18 mahl ist gegeben worden – und daß das Hauß immer geproft voll war – kein Mensch will von sich sagen laßen – er hätte sie nicht gesehn – alle Handwercker – gärtner – ja gar die Sachsenhäußer – deren ihre Jungen die Affen und Löwen machen gehen hinein so ein Specktackel hat mann hir noch nicht erlebt – das Hauß muß jedesmahl schon vor 4 uhr auf seyn – und mit alledem müßen immer einige hunderte wieder zurück die keinen Platz bekommen können – das hat Geld eingetragen!«[15] Und am 6. Februar 1794 berichtete sie ihm: »Dencke! vorige Woche ist die Zauberflöthe zum 24ten mahl bey voll gepropftem Hauße gegeben worden, und hat schon

Wolfgang Amadeus Mozart: Die Zauberflöte Bühnenbildentwurf zu Akt I, Szene 1
Kolorierte Aquatintaradierung von Carl Friedrich Thiele nach Karl Friedrich Schinkel
Aus: Decorationen auf den beiden Königlichen Theatern in Berlin unter der General-Intendantur des Herrn Grafen von Brühl. Nach Zeichnungen des Herrn Geheimen Ober-Baurath Schinkel, 3. Heft, Berlin 1823

22 000 fl. eingetragen! Wie ist sie denn bey Euch executirt worden?«[16] Am 5. Mai desselben Jahres ist dann nochmals zu lesen: »Vorrige Woche ist die Zauberflöte zweymahl bey so vollem Hauße gegeben worden, daß alle Thüren offen bleiben mußten sonst wäre mann vor Hitze erstickt!«[17]

Goethe war von dem hohen ideellen Wert der ›Zauberflöte‹ und von der genialen musikalischen Umsetzung so begeistert, daß er sich mit dem Gedanken trug, eine Fortsetzung zu schreiben. Er begann mit den Vorarbeiten für einen zweiten Teil der ›Zauberflöte‹, ist aber nicht zur Ausführung seines Entwurfes gekommen. Für die Weimarer Inszenierung der Oper im Jahre 1794 entwarf er das Bühnenbild, ersann Kostüme und war selbst bei den Proben zugegen, was er in den Anfangsjahren seiner Direktion selten tat.

Noch vor der ›Zauberflöte‹ war Mozarts Oper ›Don Giovanni‹ einstudiert worden, deren Originalität Goethe gleichermaßen bewunderte. Eckermann überliefert unter dem 20. Juni 1831 folgende Äußerung Goethes: »Wie kann man sagen, Mozart habe seinen ›Don Juan‹ komponiert! – Komposition – als ob es ein Stück Kuchen oder Biskuit wäre, das man aus Eiern, Mehl und Zucker zusammenrührt! – Eine geistige Schöpfung ist es, das Einzelne wie das Ganze aus einem Geiste und Guß und von dem Hauche eines Lebens durchdrungen, wobei der Produzierende keineswegs versuchte und stückelte und nach Willkür verfuhr, sondern wobei der dämonische Geist seines Genies ihn in der Gewalt hatte, so daß er ausführen mußte, was jener gebot.«[18]

Neben Mozart führte Goethe noch zwei

Wolfgang Amadeus Mozart: Die Zauberflöte
Bühnenbildentwurf zu ›Königin der Nacht‹
Aquarell von unbekannt, undatiert
Goethe-Nationalmuseum Weimar
Erstveröffentlichung

Wolfgang Amadeus Mozart: Die Zauberflöte
Bühnenbildentwurf
Getuschte Federzeichnung von unbekannt, undatiert
Goethe-Nationalmuseum Weimar
Erstveröffentlichung

Wolfgang Amadeus Mozart:
Die Zauberflöte
Kostümfigurine des Papageno
Kolorierter Stich von Franz Wolff
Aus: Rheinische Musen. Hrsg. von Heinrich Gottlieb Schmieder. Band 1, Mannheim 1794

Franz Wolff sc.

weitere bedeutende deutsche Komponisten in Weimar auf: Christoph Willibald Gluck und Ludwig van Beethoven. Gluck-Opern hatte das weimarische Publikum auch schon im Theater Bellomos sehen können. Zu Goethes Zeiten stand ab 1800 ›Iphigenie auf Tauris‹ mehrere Jahre auf dem Spielplan, ein Werk, dem Goethe persönlich nahestand, hatte er sich doch fast zur selben Zeit wie Gluck an diesem Stoff versucht. Im gleichen Jahr, 1779, waren dessen Oper in Paris und sein Schauspiel in Weimar uraufgeführt worden. 1816 kam Beethovens Oper ›Fidelio‹ auf die weimarische Bühne. Allerdings war ihr hier wie zur Wiener Uraufführung kein nennenswerter Erfolg beschieden.

Konnten sich Mozarts Opern am kleinen Weimarer Hoftheater ungehindert entfalten, so verwehrte ihnen der preußische Königshof den gebührenden Spielort, das Opernhaus in Berlin, an dem fast nur italienische Oper gegeben wurde. Das Verdienst, Mozart die Bühne erschlossen zu haben, kommt deshalb dem Nationaltheater am Gendarmenmarkt zu, das besonders mit der ›Zauberflöte‹ volle Häuser erzielte. Nach acht Spieljahren konnte Iffland die 100. Aufführung registrieren, ein noch nie dagewesener Erfolg. Auch Gluck stand das Königliche Opernhaus nicht sofort offen, so daß es wiederum das Nationaltheater war, das in Berlin ›Iphigenie auf Tauris‹ erfolgreich erstaufführte. »Mit Gluck, dessen Opernreform in Berlin zu diesem Zeitpunkt sicher nur von wenigen in ihrem vollen Umfang begriffen wurde, war der Stil der großen heroischen

Christoph Willibald Gluck: Iphigenie auf Tauris
Antonie von Fischer als Iphigenie
Lithographie von Nepomuk Muxel, undatiert
Goethe-Nationalmuseum Weimar

Jean Racine: Mithridate
Kostümentwurf
Zeichnung von Georg Melchior Kraus, undatiert
Goethe- und Schiller-Archiv Weimar
Erstveröffentlichung

Oper auch auf der deutschen Bühne und von deutschen Sängern künstlerisch unter Beweis gestellt worden.«[19]

Es seien schließlich noch einige Komponisten genannt, die ihren festen Platz im Weimarer Repertoire hatten, ohne jedoch übermäßige Erfolge zu verbuchen. Im ersten Jahrzehnt der Goetheschen Direktion besaßen die Komponisten aus Italien gegenüber denen aus Frankreich den größeren Anteil am Repertoire, von der Jahrhundertwende an kehrte sich dieses Verhältnis um. Am häufigsten erschienen Ferdinando Paër mit acht und Nicolas Dalayrac mit sieben Stücken auf dem Spielplan, gefolgt von Giovanni Paisiello, Etienne Nicolas Méhul und Domenico Cimarosa. Das deutsche Singspiel repräsentierten Joseph Weigl und Wenzel Müller. Auch Georg Benda, Luigi Cherubini, André Erneste Modeste Grétry und Vincente Martin y Solar waren vertreten. Mit diesem Musik-Repertoire war das Weimarer Hoftheater durchaus auf der Höhe der Zeit.

Wenn die Musikdramatik an den meisten Bühnen den Hauptbestandteil des Repertoires ausmachte, so lag das einfach am Unterhaltungsbedürfnis des Publikums. Orchestermusik, Gesang, Ballett, schöne Kostüme kamen diesem von jeher mehr entgegen als reines Sprechtheater. Musikalische Werke fungierten als Besuchermagnet und Kassenfüller, und nicht selten hat man dem Publikum ein ernstes Sprechstück schmackhaft zu machen versucht, indem ihm ein Musikstück (oder auch ein Lustspiel) vorangestellt wurde. Zur Rezeption des anspruchsvollen Sprechtheaters mußte das deutsche Publikum erst erzogen werden. Dazu bedurfte es neuer Stücke, und seit Mitte des 18. Jahrhunderts wandten sich Schriftsteller, aber auch Theaterdirektoren und Schauspieler diesem Metier zu, besonders der heiteren Dramatik.

Das Theater des 18. Jahrhunderts verfocht insbesondere das Ziel, das sittlich-moralische Niveau der Nation zu heben. Autoren wie Iffland, Schröder, Kotzebue u.a. schränkten dies auf die moralische Stärkung des Kleinbürgers ein. In der dramatischen Dutzendware eines Iffland oder Kotzebue blieb der bürgerliche Held in der Regel eingegrenzt in eine in sich abgeschlossene kleinmütige Welt. Seine selbstgefällige, passive Lebensauffassung führte ihn zu gesellschaftlicher Inaktivität und politischer Resignation. Ifflands Stücke insbesondere verengen diesen Bereich noch auf die bürgerliche Familie, ja den innersten Familienkreis, in dem alle Differenzen und Kontroversen letztlich zu einem glücklichen Ende geführt werden. Goethe nannte zwei Grundübel, an denen alle Iffland-Stücke krankten. Zum ersten werde jede moralische Besserung durch äußere Kräfte bewirkt, während im Innern der Figuren keine Wandlungen vor sich gingen. Zum zweiten setze Iffland zwischen Natur und Kultur des Menschen eine unüberwindliche Kluft. Die Ursache für moralisches Fehlverhalten werde immer in der kulturellen Befindlichkeit der Gesellschaft gesucht, der Mensch aber könne sich nur bessern, wenn er sich seiner Natur besinne. Auch Schiller verhehlte nicht seine Vorbehalte gegenüber Ifflands Stücken.

Diese kritischen Stimmen konnten natürlich nichts gegen den Vormarsch der dramatischen Tageskost auf den deutschen Bühnen ausrichten. Stücke Ifflands wie ›Das Bewußtsein‹, ›Scheinverdienst‹, ›Die alte und die neue Zeit‹, ›Die Hagestolzen‹, ›Der Spieler‹ oder ›Dienstpflicht‹ wurden Publikumsrenner, und man könnte noch einige Dutzend andere nennen. Mehr als fünfzig Bühnenstücke verfaßte der Hamburger Theaterdirektor und Schauspieler Friedrich Ludwig Schröder, darunter auch einige Tragödien. Zu den Vielschreibern seiner Zeit zählte weiterhin der spätere Münchener Theaterdirektor Joseph Marius von Babo.

Die meisten Bühnenautoren, allen voran Kotzebue, schrieben Lustspiele; genannt seien, wobei die Nachnamen genügen mögen: Beck, Bock, Brandes, Bretzner, Engel, Gotter, Hagemann, Hagemeister, Jünger, Kratter, Rochlitz, Ziegler. Neben ihren Werken findet man in den Lustspielrepertoires im übrigen öfter auch Lessings ›Minna von Barnhelm‹. Kotzebue steuerte auch manchen Text für ein Singspiel bei. Sein Stück ›Fanchon oder Das Leiermädchen‹ feierte in der Vertonung von Friedrich Heinrich Himmel, dem Kapellmeister der Berliner Oper, vielerorts Triumphe. Kotzebue hatte die richtige Mischung gefunden, um das Publikum zu fesseln: »Da paaren sich im genau berechneten Maße deutsche Sentimentalität mit französischer Pikanterie, da stehen, wiederum genau abgewogen, Lachen und Weinen dicht beieinander.«[20] Wohl keines der damals gängigen und schicklichen Themen dürfte Kotzebue in seinen Stücken – ob nun der schon erwähnte ›Wildfang‹, ›Die beiden Klingsberge‹, ›Die Kreuzfahrer‹, ›Das Kind der Liebe‹, ›Menschenhaß und Reue‹, ›Graf Benjowski‹, ›Das Epigramm‹ oder ›Die deutschen Kleinstädter‹ – ausgelassen haben, und auch deshalb war ihm der Erfolg sicher.

Goethe war als Theaterleiter Realist genug, um zu wissen, daß er seinem Weimarer Publikum nur einen Spielplan anbieten konnte, in dem klassisches Schauspiel und Oper, Singspiel und Unterhaltungsdramatik ausgewogen vertreten waren. Er kannte die Zugeständnisse, die er an die Theaterbesucher machen mußte, und er besaß genügend Geschäftssinn, um das Weimarer Theater entsprechend zu führen. Deshalb ließ er mehr als 80 Stücke Kotzebues einstudieren, die insgesamt 638mal über die Bühne gingen. Er sah darin nichts für sein Theater Abträgliches, auch wenn er damit einen Mann mittelmäßiger Begabung förderte, mit dem ihn nicht das Geringste verband. Natürlich gehörten auch Ifflands Stücke zum Weimarer Repertoire; sie wurden mehr als 300mal gegeben, etwa ebensooft wie die Dramen Schillers.

Der Spielplan, der für jede Saison neu festgelegt wurde, war generell auf die Bedürfnisse des Publikums zugeschnitten. Ungeachtet dessen stellten Goethe und unabhängig davon auch Schiller Überlegungen an, wie das Niveau der Spielpläne zu heben war. Damit standen beide nicht allein, auch Schröder in Hamburg, Dalberg in Mannheim und andere Theaterleiter bemühten sich darum, ihre Spielpläne niveauvoller zu gestalten. Aber sie alle befanden sich in dem gleichen Dilemma und mußten Stücken minderer Qualität den Vorrang geben, um wirtschaftlich zu bestehen. Die Verbesserung des deutschen Repertoires war deshalb nicht nur ein Wunschziel einzelner Bühnen, sondern ein gesamtnationales Erfordernis.

Goethe und Schiller setzten sich besonders um die Wende des 18. zum 19. Jahrhundert verstärkt dafür ein. Schiller hatte schon in seiner Mannheimer Zeit den Mangel an guten deutschen Theaterstükken beklagt. Das Theater brauchte sie, um seine Funktion als »moralische Anstalt« wahrnehmen zu können. Werke von hoher literarischer Qualität waren mithin dringlich gefragt. Schiller hatte auch im Mannheimer Spielplan der neunziger Jahre seinen festen Platz, aber Dramatik ähnlichen Ranges muß dort äußerst selten gewesen sein, wenigstens schreibt Schiller am 29. Dezember 1795 an Goethe, der Mannheimer Theaterkalender enthalte »gewaltig viel Nahmen und blutwenig Sachen«. Und er fuhr fort: »Ich für mein Theil bin ich übrigens gut weggekommen: aber in welcher Gesellschaft erblickt man sich da.«[21]

Die Spielplansituation war in Weimar kaum anders. Das veranlaßte Goethe 1800 dazu, eine »dramatische Preisaufgabe« zu veranstalten. Eingereicht werden sollten komische Intrigenstücke, als Siegerpreis winkten 30 Dukaten. Das Unternehmen blieb bezeichnenderweise ohne jegliche Resonanz. Goethe war der Mangel an guter zeitgenössischer Bühnendramatik schmerzlich bewußt, nach elf Jahren Theaterleitung reflektierte er darüber: »Jede Direction durchblättere ihre Repertorien und sehe, wie wenig Stücke aus der großen Anzahl, die man in den letzten zwanzig Jahren aufgeführt, noch jetzt brauchbar geblieben sind. Wer darauf denken dürfte, diesem Unwesen nach und nach zu steuern, eine gewisse Anzahl vorhandener Stücke auf dem Theater zu fixiren und dadurch endlich einmal ein Repertorium aufzustellen, das man der Nachwelt überliefern könnte, müßte vor allen Dingen darauf ausgehen, die Denkweise des Publicums ... zur Vielseitigkeit zu bilden.«[22]

Goethe sah es als seine und Schillers Aufgabe an, ein bleibendes Repertoire für die Nachwelt zu schaffen und dabei aus der zeitgenössischen und der überlieferten Dramatik klug auszuwählen. Besonders Schiller bemühte sich darum, eine Sammlung repräsentativer, von ihm selbst für die Bühne bearbeiteter Stücke zusammenzustellen, die neben deutscher auch internationale Dramatik von weltliterarischem Rang einschloß. Neben seinen eigenen Dramen unter Einschluß der drei Jugenddramen, die er unbearbeitet ließ, wurden von Goethe ›Egmont‹, ›Iphigenie‹, ›Götz‹ und ›Tasso‹ sowie einige der frühen Sing- und Schauspiele, von Lessing ›Minna von Barnhelm‹, ›Emilia Galotti‹ und ›Nathan der Weise‹, ferner griechische, französische, englische, italienische und spanische Stücke, dazu Komödien von Terenz und Plautus in diese Sammlung aufgenommen. All diese Stücke kamen zwischen 1800 und 1817 in Weimar auch auf die Bühne, nur machten sie eben, wie eingangs bemerkt, nur wenige Prozente im Gesamtspielplan aus.

Nicht das Aufstellen eines guten Repertoires betrachtete Goethe als die eigentliche Kunst, sondern das Halten desselben. Gegenüber Eckermann äußerte er 1825 diesbezüglich in Rückschau auf seine Direktionszeit: »Ich habe in meiner langen Praxis als Hauptsache gefunden, daß man nie ein Stück oder gar eine Oper einstudieren lassen solle, wovon man nicht einen guten Sukzeß auf Jahre hin mit einiger Bestimmtheit voraussieht. Niemand bedenkt hinreichend das Aufgebot von Kräften, die das Einstudieren eines fünfaktigen Stükkes oder gar einer Oper von gleicher Länge in Anspruch nimmt. Ja, ihr Lieben, es gehört viel dazu, ehe ein Sänger eine Partie durch alle Szenen und Akte durchaus innehabe, und sehr viel, ehe die Chöre gehen wie sie gehen müssen. Es kann mich gelegentlich ein Grauen überfallen, wenn ich höre, wie leichtsinnig man oft den Befehl zum Einstudieren einer Oper gibt, von deren Sukzeß man eigentlich durchaus nichts weiß und wovon man nur durch einige sehr unsichere Zeitungsnachrichten gehört hat. Da wir in Deutschland schon ganz leidliche Posten besitzen, ja sogar anfangen, Schnellposten zu bekommen, so würde ich bei der Nachricht von irgendeiner auswärts gegebenen und gepriesenen neuen Oper den Regisseur oder ein anderes zuverlässiges Mitglied der Bühne an

Ort und Stelle schicken, damit er sich durch seine persönliche Gegenwart bei einer wirklichen Aufführung überzeuge, inwiefern die gepriesene neue Oper gut und tüchtig und inwiefern unsere Kräfte dazu hinreichen oder nicht. Die Kosten einer solchen Reise kommen gar nicht in Betracht im Vergleich der enormen Vorteile, die dadurch erreicht, und der unseligen Mißgriffe, die dadurch verhütet werden. [–] Und dann, ist einmal ein gutes Stück oder eine gute Oper einstudiert, so soll man sie, in kurzen Zwischenpausen, so lange hintereinander geben, als sie irgend zieht und irgend das Haus füllet. Dasselbe gilt von einem guten älteren Stück oder einer guten älteren Oper, die vielleicht Jahr und Tag geruht hat und nun gleichfalls eines nicht geringen erneuten Studiums bedurfte, um wieder mit Sukzeß gegeben werden zu können. Eine solche Vorstellung soll man in kurzen Zwischenpausen gleichfalls so oft wiederholen, als das Publikum irgend sein Interesse daran zu erkennen gibt. Die Sucht, immer etwas Neues haben und ein mit unsäglicher Mühe einstudiertes gutes Stück oder Oper nur einmal, höchstens zweimal sehen zu wollen oder auch zwischen solchen Wiederholungen lange Zeiträume von sechs bis acht Wochen verstreichen zu lassen, wo denn immer wieder ein neues Studium nötig wird, ist ein wahrer Verderb des Theaters und ein Mißbrauch der Kräfte des ausübenden Personals, der gar nicht zu verzeihen ist.«[23]

Goethes theaterpraktisches Vorgehen bestand darin, einerseits Stücke unterschiedlichster Qualität, von der einfachen Posse bis hin zur hohen griechischen Tragödie, in das laufende Repertoire aufzunehmen, um den Erwartungen der verschiedenen Publikumsschichten zu entsprechen. Andererseits mußte klug vorausgeplant und oft vorausgeahnt werden, ob es den Kräfteeinsatz lohnte, ein ins Auge gefaßtes Stück einzustudieren, wollten Aufwand und Nutzen immer ins rechte Verhältnis zueinander gesetzt sein. Beide Gesichtspunkte ständig bedenkend, verfolgte Goethe eine Theaterpolitik, die den Realitäten angepaßt war und auf unkalkulierbare Experimente verzichtete.

Lith. Inst. v. L. Sachse & C.

Hinweg erborgter Plunder!

DEVRIENT

als

König Lear,

in dem Trauerspiele: König Lear.

Verlag v. Gbr. Gropius i. Diorama.

Die Weimarer Darstellungsweise

Die Bühnenstücke, die die Theater zur Zeit Goethes beherrschten, stellten an ihre Darsteller keine hohen Anforderungen. Die handelnden Personen der überwiegend gespielten Komödien und Familiendramen ließen sich in das gängige Schema der Rollenfächer eingliedern und verlangten dem Schauspieler kaum darstellerische Individualität ab. Das war auch in Weimar zur Zeit der Bellomoschen Gesellschaft nicht anders, und als Goethe das Theater übernahm, hatte sich daran nichts Wesentliches geändert.

Zur Kennzeichnung dieser Situation soll ein Blick in die Theatergeschichte dienen. Die Theaterpraxis des 18. Jahrhunderts ist ohne näheres Eingehen auf die Rollenfächer schwer zu erklären. In der Geschichte des Komödiantenwesens bildete sich als erstes Rollenfach das des Narren als eine eigenständige Kategorie heraus. Die weitere Differenzierung erfolgte in Abhängigkeit von den Bühnenstücken und ihren zentralen Figuren: Könige, Prinzen, Bediente usw. Vertreter des gehobenen Standes beherrschten vor allem die Tragödie als Mittelpunktsgestalten, Bedienstete gehörten als Randfiguren dazu. In der Komödie dagegen, die die Figuren dem Lachen preisgab, dominierten Gestalten aus dem bürgerlichen Stand. Dementsprechend differenzierte sich das dramatische Personal, und es differenzierte sich noch weiter, je stärker das politisch-gesellschaftliche Zeitgeschehen Eingang in die Dramatik fand und neue Rollenbereiche erforderlich wurden. Man faßte eine Rolle noch nicht in ihrer Individualität auf, sondern paßte sie in ein Typen-Schema ein.

Eine für die Zeit typische Rollenfacheinteilung bestand z.B. am Mannheimer Nationaltheater. Nach seiner Gründung wurden unter Dalberg für folgende wichtige

William Shakespeare: König Lear
Ludwig Devrient in der Titelrolle
Kolorierte Lithographie von unbekannt, undatiert
Goethe-Nationalmuseum Weimar

weibliche Rollenfächer im Schauspiel Kräfte engagiert:

Königinnen und erste Rollen im Trauerspiel,
erste Liebhaberin im Trauer- und Lustspiel, auch muntere Rollen,
zärtliche Rollen und zweite Liebhaberin,
Soubrette und komische Rollen,
Karikaturrollen, Unterhändlerinnen, naive Rollen.

Unter den männlichen Mitgliedern der Mannheimer Bühne beanspruchten die aus Gotha gekommenen Michael Boeck, Heinrich Beck und Iffland die ersten Rollen:

Boeck Helden und erste Liebhaber in Trauer- und Lustspiel,
Beck jugendliche muntere Rollen,
Iffland komische alte und Karikaturrollen sowie Juden.
Des weiteren gab es:
lustige Bediente, Bauern und muntere Rollen,
Raisonneurs und gelassene Rollen,
Bas-comique-Rollen,
Offiziers- und gelassene Rollen,
polternde Rollen,
alte Offiziere, auch weitere Raisonneurs.[24]

Dieser Rollenfacheinteilung folgten im allgemeinen alle deutschen Bühnen.

In Orientierung am französischen Vorbild übernahm man an den deutschen Theatern auch die dort gängige Rollenverteilung. Für einige Rollenfächer bürgerten sich die deutschsprachigen Entsprechungen gar nicht erst ein, man beließ es bei den französischen, z.B. Chevalier (entspricht einem Ritter oder Kavalier), Raisonneur (eine Art Besserwisser, Klugredner), Escroc (etwas wie ein Gauner), Libertin (ein Leichtfuß oder zügellos lebender Mann) und Soubrette (Kammerzofe, meist mit Witz und Geist angelegt).

Für die Engagements bildeten die Rollenfächer noch bis in das 19. Jahrhundert hinein größtenteils die formale Basis, während sie in der Praxis immer mehr an Bedeutung einbüßten. Theoretikern wie Bühnenleitern waren die negativen Folgen der Fächereinteilung allmählich klar geworden. Ein Aufsatz in der ›Zeitung für die elegante Welt‹ von 1806 widmete sich diesem Thema. Sein Verfasser, Siegfried August Mahlmann, schrieb: »Die sogenannten Fächer sind ein Verderben, besonders für angehende Schauspieler. Man gebe jedem Talente Raum, sich vielseitig zu üben, und seine Gränzen zu versuchen. Es wird diese Gränzen bald finden, und sich dann innerhalb derselben desto freier und schöner bewegen. Diese Fächerverteilung, diese Einstellung des Genies ist hauptsächlich die Ursache, warum unsere großen Theater keine guten Künstler ziehen, und warum das wenige Gute, was auf der deutschen Bühne noch vorhanden ist, sich bei kleinen herumziehenden Gesellschaften, wo die Beschränktheit des Personals eine solche Vertheilung nicht zuläßt, gebildet hat.«[25]

Was der Kritiker Mahlmann 1806 zur Sprache brachte, hatten schon Jahre zuvor u.a. Dalberg in Mannheim, Goethe in Weimar und Iffland in Berlin als Problem erkannt. Sie alle suchten nach neuen Wegen, und der erste Schritt war die sukzessive Abschaffung der Rollenfächer. In der Praxis freilich setzten sich dem noch lange Zeit die alten Gewohnheiten der Schauspieler entgegen. Die fortschrittlichen Theaterleiter brachen gezielt das System der Rollenfächer auf, indem sie die Stücke mehr nach Eignung der Schauspieler besetzten als in Rücksicht auf Tradition, Ansehen der Künstler usw. Goethe verzichtete schon in den neunziger Jahren auf die Rollenfachfestlegungen, wie die Weimarer Theaterverträge aus dieser Zeit belegen, die im wesentlichen nur noch in Sing- und Sprechrollen unterschieden. Bekräftigt wird das unter anderem im Brief Goethes an die Hoftheater-Kommission vom 27. April 1810: »Wir statuiren, und zwar mit Recht, bey dem Weimarischen Theater keine Fächer, d.h. Niemand kann auf diese oder jene Rolle entschiedenen Anspruch machen.«[26] Entsprechend wurde im allgemeinen auch verfahren, wobei es natürlich Ausnahmefälle gab, wie z.B. Karoline Jagemann. Mit ihr gewann die weimarische Bühne eine ausgezeichnete Sängerin und Darstellerin klassischer Bühnenrollen. Ihr Kontrakt sicherte ihr demzufolge erste und zweite Singrollen zu sowie jede weitere Möglichkeit, ihr Talent in das beste Licht zu setzen, und das hieß: erste Rollen auch im Schauspiel.

Die oben erwähnte Vorbildwirkung des französischen Theaters betraf keineswegs nur die Rollenfacheinteilung, sondern in ganz entscheidendem Maße auch den dramaturgischen Aufbau der Stücke.

Die Neuberin hatte hier erste wichtige Schritte getan. Ihr ging es um die inhaltliche Aufwertung des deutschen Schauspiels, und damit verbanden sich zugleich die Veränderungen in Dramaturgie und Sprache und damit in der gesamten theatralischen Umsetzung. Die klassizistische Dramatik eines Corneille, Racine und Voltaire lieferte die Beispiele, denen die deutsche Dramatik nachstrebte.

Vor allem Gottsched und seine Frau Adelgunde schrieben eine Vielzahl deutscher Stücke, die sich in ihrer Form sehr an die französischen Vorbilder anlehnten. Für diese galten die Regeln der aristotelischen Dramatik: die Handlung hatte in fortlaufender Zeit an ein und demselben Ort zu spielen, und sie durfte nicht länger als 24 Stunden in der Realität vorstellen (Einheit von Ort, Zeit und Handlung). Als sprachliche Form war der Alexandriner vorgegeben, ein Vers, der über zweimal vier Takte mit einer deutlichen Zäsur verfügt und sich für pathetischen Ausdruck in der Tragödie wie für leicht tändelnde Dialoge im Lustspiel gleichermaßen gut eignete.

Für die deutschen Bühnen gab es in der ersten Hälfte des 18. Jahrhunderts noch keine anspruchsvolle nationalsprachliche Dramatik. Bei der Darstellung von Haupt- und Staatsaktionen, Harlekinaden usw. genügte es, wenn die Schauspieler den Phrasenschatz der gängigen Rollen, z.B. eines Bösewichtes, eines Hanswursts, eines Helden oder Liebhabers, beherrschten, und sie brauchten nur ihrer Intuition zu folgen, um aus dem Stegreif die entsprechenden Standard-Dialoge zu entwickeln.

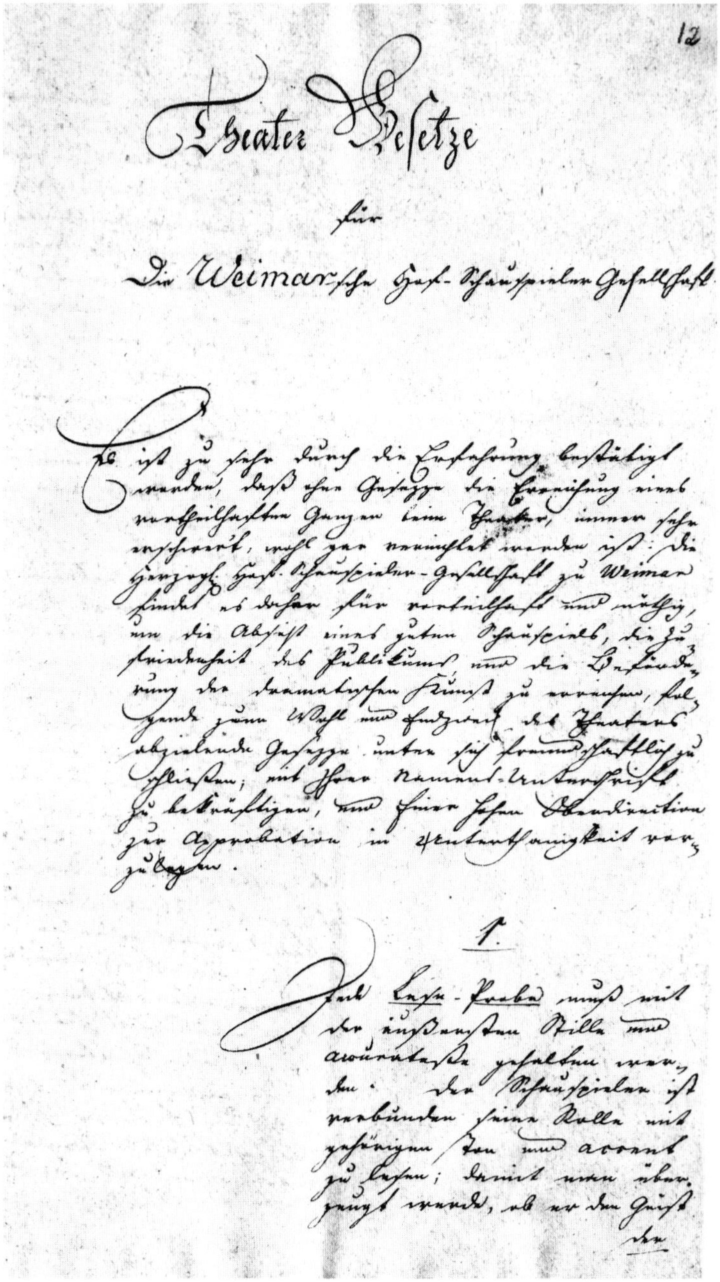

Theater Gesetze für die Weimarsche Hof-Schauspieler Gesellschaft, 7. März 1793

2 Blatt
Schreiberhandschrift
Thüringisches Hauptstaatsarchiv Weimar

Theater Gesetze für die
Weimarsche Hof-Schauspieler
Gesellschaft

Es ist zu sehr durch die Erfahrung bestätigt worden, daß ohne Gesezze die Erreichung eines vortheilhaften Ganzen beim Theater,
immer sehr erschwer't, wohl gar vernichtet worden ist: die Herzogl. Hof-Schauspieler-Gesellschaft zu Weimar findet es daher für vorteilhaft und nöthig, um die Absicht eines guten Schauspiels, die Zufriedenheit des Publikums und die Beförderung der dramatischen Kunst zu erreichen, folgende zum Wohl und Endzweck des Theaters abzielende Gesezze unter sich freundschaftlich zu schließen; mit Ihrer Namens-Unterschrift zu bekräftigen, und Einer hohen Oberdirection zur Approbation in Unterthanigkeit vorzulegen.

1.

Jede *Lese-Probe* muß mit der äußersten Stille und Accurateße gehalten werden. Der Schauspieler ist verbunden seine Rolle mit gehörigen Ton und accent zu lesen; damit man überzeugt werde, ob er den Geist der …

... zur Ehre der Gesellschaft, und zum Nuzzen des Ganzen unumgänglich erforderlich wäre, diese Vorfälle denen Gesezzen annoch einzuverleiben, so wird solches als dann von der ganzen Gesellschaft durch mehrere Stimmen beschloßen, und diesen Gesezzen, als ein eben so gültiger Nachtrag hinzugefüget.

17.

Die Strafgelder fließen in eine besondere zu errichtende Caße, die jene Person aufbewahrt, welche von der ganzen Gesellschaft hiezu einstimmig ernannt wird, und wozu die Regie einen Schlüßel, und den andern ein von den Mitgliedern gewählter Schauspieler hat. Monathlich wird diesen ernannten Commißärn die Rechnung davon vorgelegt, und die vorhandenen Gelder revidirt. Diese Gelder werden entweder, nach Gutdünken der Gesellschaft zu Collecten für arme reisende Schauspieler verwendet, oder jährlich unter die Gesellschaft vertheilet.

Weimar, den 7. März 1793

H. Vohs
P. Amor & Frau
H. Becker
C Krüger
C Demmer
C. Benda
Weyrauch & Frau
A Genast
Neumann
C. Neumann
Malcolmy und Frau

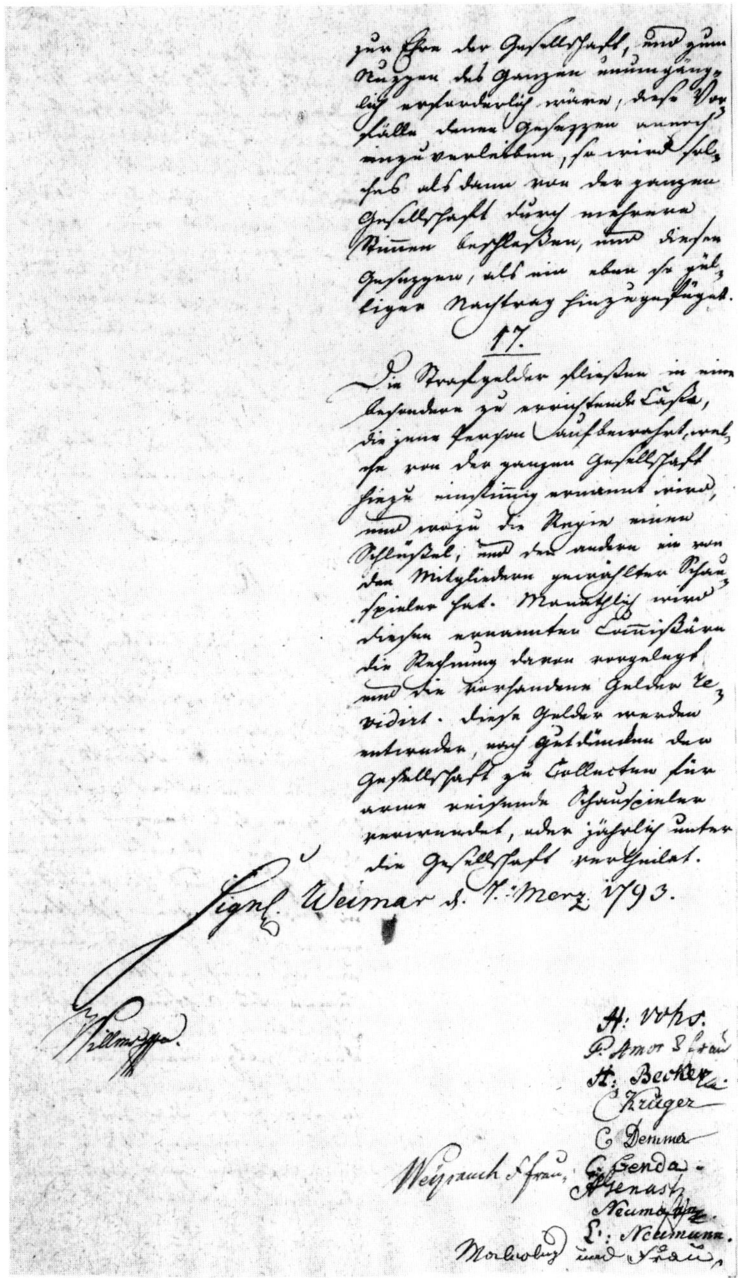

Die Neuberin machte mit dieser Praxis Schluß und begann ihr innovatorisches Konzept einer verbesserten Schauspielkunst durchzusetzen. Bis die deutsche Dramatik zu einer eigenständigen Form gefunden hatte, war das Anknüpfen an die französischen Vorbilder durchaus produktiv, später aber wurde es der Entwicklung einer nationalsprachlichen Dramatik hinderlich. Die aus dem Französischen übersetzten oder nach französischem Muster geschriebenen Stücke verlangten auf der Bühne eine entsprechende künstlerische Realisierung. Die übernommene französische Spielweise, eine pathetische Deklamation und eine äußerst gebärdenreiche, überschwengliche Gestikulation, geriet schließlich zu den neuen dramatischen Inhalten und sprachlichen Ausdrucksformen der entstehenden deutschen Dramatik in ein Mißverhältnis. Für die jungen Dramatiker des Sturm und Drang wie auch für den Aufklärer Lessing war dieser Widerspruch von existentieller Bedeutung, schrieben sie doch ihre Stücke in freier Sprache, d.h. in Prosa. Auch Schillers Jugenddramen mit deutscher Gegenwartsthematik, ›Die Räuber‹ und ›Kabale und Liebe‹, sind hier anzuführen. Schiller wandte sich von diesen Themen aber bald ab und wählte dafür Stoffe aus der Antike sowie der deutschen und europäischen Geschichte. Diese Stoffe mit ihrem allgemeinmenschlichen Gehalt aber mußten in eine adäquate, poetisch überhöhte sprachliche Form gebracht werden, und dafür erwies sich der Vers als das geeignetste Mittel.

Auch Goethe hatte einige seiner frühen Schauspiele in Prosa abgefaßt, so ›Götz von Berlichingen‹, ›Clavigo‹ oder die Erstfassung der ›Iphigenie‹, und er hatte sich auch in Alexandrinern versucht, wie in den ›Mitschuldigen‹ und der ›Laune des Verliebten‹, diese Form aber bald wieder verworfen. Seine späteren Dramen zeigen, daß auch er die freie Versform mit ihren verschiedenen rhythmischen Möglichkeiten für die geeignetste hielt.

Bevor Goethe und Schiller zu dem Schluß gelangten, daß die gebundene Sprache ihrem künstlerischen Anliegen die gemäßeste Form bot, hatten sie sich in vielen Briefen ausführlich mit diesem ästhetischen Problem beschäftigt. Am klarsten hat sich Schiller in seinem Brief vom 24. November 1797 an Goethe dazu geäußert: »Ich habe noch nie so augenscheinlich mich überzeugt, als bei meinem jetzigen Geschäft, wie genau in der Poesie Stoff und Form, selbst äusere, zusammen hängen. Seitdem ich meine prosaische Sprache in eine poetische-rhythmische verwandle, befinde ich mich unter einer ganz andern Gerichtsbarkeit als vorher, selbst viele Motive, die in der prosaischen Ausführung recht gut am Platz zu stehen schienen, kann ich jetzt nicht mehr brauchen... Man sollte wirklich alles, was sich über das gemeine erheben muß, in Versen wenigstens anfänglich concipieren, denn das Platte kommt nirgends so ins Licht, als wenn es in gebundener Schreibart ausgesprochen wird. [–] Der Rhythmus leistet bei einer dramatischen Production noch dieses große und bedeutende, daß er, indem er alle Charactere und alle Situationen nach Einem Gesetz behandelt, und sie, trotz ihres innern Unterschiedes in Einer Form ausführt, er dadurch den Dichter und seinen Leser nöthiget, von allem noch so characteristisch-verschiedenem etwas Allgemeines, rein menschliches zu verlangen. Alles soll sich in dem Geschlechtsbegriff des Poetischen vereinigen, und diesem Gesetz dient der Rhythmus sowohl zum Repraesentanten als zum Werkzeug, da er alles unter Seinem Gesetze begreift. Er bildet auf diese Weise die Atmosphaere für die poetische Schöpfung, das gröbere bleibt zurück, nur das geistige kann von diesem dünnen Elemente getragen werden.«[27]

Für die Entwicklung eines Darstellungsstils, der dieser neuen klassischen Dramatik wirklich angemessen war, sorgte Goethe während seiner Direktionszeit an der weimarischen Bühne. Die gebundene Sprache konnte nur in Kombination mit einer passenden artistischen Körpersprache und Mimik wirkungsvoll zum Ausdruck gelangen. Aus dieser Notwendigkeit heraus entstand das weimarische Ensemblespiel mit seinen darstellerischen Besonderheiten. Goethe hatte dies als Fernziel für sein Theater von Anfang an vor Augen. Er war sich allerdings im klaren darüber, daß es sich nur allmählich und durch beharrliche Übung erreichen ließ. Darum knüpfte er zunächst an die Inszenierungen an, die sein Vorgänger Bellomo im Spielplan gehabt hatte und von denen er wußte, daß die Schauspieler sie einigermaßen beherrschten. Er hatte ja mit dem Theatergebäude, den Requisiten, Dekorationen und Kostümen auch einen Teil der ehemaligen Bellomoschen Gesellschaft übernommen. Deren Leistungsfähigkeit in der Sparte Schauspiel reichte zwar kaum an den Durchschnitt der Zeit heran, aber Goethe mußte seine Pläne mit diesem Personal zu verwirklichen suchen. Als erstes ging er daran, den Akteuren diszipliniertes Arbeiten abzufordern. Nur auf dieser Basis konnte er ihnen auch seine dramaturgischen Vorstellungen nahebringen. Das war um so notwendiger, als Goethe doch ein schweres Erbe angetreten hatte: Die Schauspieler, die wie alle ihrer Zunft in der Ausformung ihres persönlichen Stils weitestgehend sich selbst überlassen blieben, brachten entweder einen platten Abklatsch der bürgerlichen Alltagswelt auf die Bühne, oder sie deklamierten noch im französischen Stil übertrieben heftig und lautstark, gestikulierten vordergründig, und das im Grunde in jeder beliebigen Rolle. Schiller rügte an einem der Weimarer Schauspieler einmal das »ewige Vagiere mit dene Händ und das Hinaufpfeife bei der Rezitation«[28].

Solchen Unzulänglichkeiten sagte Goethe den Kampf an. Noch in der Zeit der Vorbereitung auf das neue Amt, aber schon im Hinblick auf das Kommende schrieb er am 20. März 1791 zuversichtlich an Friedrich Heinrich Jacobi, er gehe vorerst »sehr piano zu Wercke, vielleicht kommt doch fürs Publikum und für mich etwas heraus«[29]. Wenige Wochen nach der Eröffnung des weimarischen Hoftheaters heißt es dann in einem Brief an Johann Friedrich

Reichardt: »Im Ganzen, macht mir unser Theater Vergnügen, es ist schon um Vieles besser, als das vorige, und es kommt nur darauf an, daß sie sich zusammen spielen, auf gewisse mechanische Vortheile aufmerksam werden und nach und nach aus dem abscheulichen Schlendrian in dem die mehrsten deutschen Schauspieler bequem hinleiern, nach und nach herausgebracht werden. Ich werde selbst einige Stücke schreiben, mich darinne einigermaßen dem Geschmack des Augenblicks nähern und sehen, ob man sie nach und nach an ein gebundenes, kunstreicheres Spiel gewöhnen kann.«[30] Seinem Fernziel, ein Schauspieler-*Ensemble* heranzubilden, arbeitete er sich Schritt für Schritt näher. Als notwendige Maßnahme auf dem Weg dahin führte er Theatergesetze ein, die den Schauspielern und Schauspielerinnen als Verhaltensrichtlinien für alle möglichen, mitunter recht banalen Situationen des Theateralltags dienten.

Was diese Gesetze forderten, war nichts Außergewöhnliches, aber es war für Goethe unabdingbar, wollte er in seinem Sinne und nach seinen Vorstellungen mit den Künstlern zusammenarbeiten. Als wirkungsvollstes Mittel zur Verminderung der Verstöße gegen die Theatergesetze erwiesen sich die angedrohten Geldstrafen. Zu den Delikten zählte z.B.: Zuspätkommen zur Probe oder zu später Auftritt; Verweigerung einer Rolle oder eines Statisteneinsatzes; eigenwillige, dem Stück unangepaßte Kostümierung; Lärmen, Schreien, Lachen während der Proben sowie Grimassenschneiden und andere Späße, um

Strafzettel für Otto Morhard
vom 24. April 1808
Handschrift von Heinrich Becker
Thüringisches Hauptstaatsarchiv Weimar
Außerordentlicher Rapport.
vom 17ten bis 23sten April 1808.
Den 19ten / in der Probe von den Piccolominis Actus: 2. Scene. 2. / hat Herr West (?) / sich rufen lassen / 8 Gr /
Mittwoch den 20sten April in der Vorstellung von den Piccolominis, hat Herr Morhardt den Rittmeister Neumann in der Scene mit dem KellerMeister Actus: 3. Scene 3. vorsetzlich komisch gegeben.
Weimar den 24sten April 1808. Heinrich Becker.

10. 53

Außerordentlicher

Rapport.

vom 17ten bis 23sten April 1808.

Den 19ten.	in der Probe von den Piccolomini Actus: 2. Scene. 2.	hat Herr Wolff	sich ausgelassen.	8 gr.	Mittwoch den 20ten April in der Vorstellung von den Piccolomini hat Herr Morhardt den Rittmeister Neumann in der Scene mit dem Kellermeister Actus: 3. Scene 3. vorsätzlich komisch gegeben.

Weimar den 24sten April 1808.

Heinrich Becker.

die spielenden Akteure aus der Fassung zu bringen. Goethe hatte zwar über die gesamte Zeit seiner Direktion gegen derlei Untugenden zu kämpfen, doch gelang es ihm zumindest, die hinderlichsten Unarten auszumerzen.

Eine zweite Neuerung führte Goethe mit den Leseproben ein. Der Gewinn lag auf der Hand: der künftige Darsteller wurde nicht nur mit seiner Rolle bekannt gemacht, sondern jeder lernte das gesamte Stück kennen und damit die Funktion seiner Rolle im dramatischen Kontext. Für das angestrebte, harmonisch aufeinander abgestimmte Ensemblespiel war dies eine wichtige Voraussetzung. Karoline Schulze-Kummerfeld, eine bedeutende Schauspielerin, die bei Ackermann und Koch, zuletzt bis 1785 bei Bellomo aufgetreten war, erinnerte sich, daß sie als Dreizehnjährige die Rolle der Iphigenie in der Tragödie von Racine ohne Kenntnis der übrigen Handlung hatte spielen müssen. Gerade die Einsicht in die Zusammenhänge der Handlung jedoch ermöglichte dem Darsteller erst die Einfühlung in die dramatische Figur, die er verkörpern sollte.

Schon in der Zeit des Liebhabertheaters hatte Goethe prinzipiell Leseproben an den Anfang der Vorbereitungen für eine neue Inszenierung gesetzt und damit an Erfahrungen Ekhofs angeknüpft, den er noch kurz vor dessen Tod kennenlernen konnte. Zwar ließ dieser in den Leseproben seiner Schauspieler-Akademie von 1753/1754 einen der Darsteller das ganze Stück vorlesen, aber auch damit ging er weit über die Gepflogenheiten seiner Zeit hinaus. Denn im allgemeinen war es üblich, daß aus dem Dramenmanuskript, das oft nur in einem angekauften Exemplar vorlag, die einzelnen Rollen herausgeschrieben und verteilt wurden. Die Art und Weise der Rolleninterpretation legte jeder einzelne Darsteller dann nach Gutdünken fest.

Unter den im Theaterbetrieb vorherrschenden Gegebenheiten bestand für einen Darsteller des 18. Jahrhunderts das Wichtigste darin, in einer Rolle so zu agieren, daß seine eigene Person am wirkungsvollsten zur Geltung kam. Auch die Kostümierung erfolgte vorrangig unter diesem Gesichtspunkt. Damit aber verselbständigte sich die Rolle weitestgehend, und sie nahm oft nicht den Platz ein, den ihr der Dramatiker im Gefüge des Stückes zugewiesen hatte. Mitunter konnte es dadurch zu völligen Akzentverschiebungen in der Aussage des Stückes kommen, und der als Dramaturg oder Regisseur Wirkende hatte alle Mühe, seine Intentionen für die Inszenierung durchzusetzen.

Die Schauspieler waren keineswegs zimperlich, wenn es darum ging, eine Rolle nach ihrem Willen zurechtzustutzen. Es fand ein Kampf um die Publikumsgunst auf Gedeih und Verderb statt. Da konnte es durchaus geschehen, daß ein Hauptdarsteller von einer Nebenrolle an die Wand gespielt wurde. Die Ausprägung von Individualismus und Virtuosentum ging dabei völlig zu Lasten des Stückes, dessentwegen die Akteure eigentlich auf der Bühne standen.

Goethe hatte erkannt, daß die Herausbil-

Strafzettel für Karoline Reinhold vom 11. März 1807
Schreiberhandschrift
Thüringisches Hauptstaats-
archiv Weimar
Nachdem die Sängerin Madame Reinhold bei der auf gestern angesetzten Clavierprobe zu der Oper: die rothe Kappe, nicht erschienen ist, auch sich erst nach langem Warten der sämtl. versammelten Mitglieder, mit Unpäßlichkeit erst nach geschehener Erinnerung entschuldigen lassen, ohne, dem Herkommen gemäß, hierüber ein Attestat des Arztes einzureichen; und daher resolvirt worden, daß dieselbe, wegen dieser Ungebühr in

Zwey Thaler

Strafe genommen werden solle: Als erhält der Fürstl. Theater Caßier Bergfeld hiermit die Anweisung, bey der nächsten Gage, 2 rh. von der Gage der Madam Reinhold abzuziehen und in der Straf Caße in Einnahme zu bringen.

Signatum Weimar den 11. März 1807

Fürstl. Sächsi. HofTheater Commission

J. W. Goethe F. Kirms

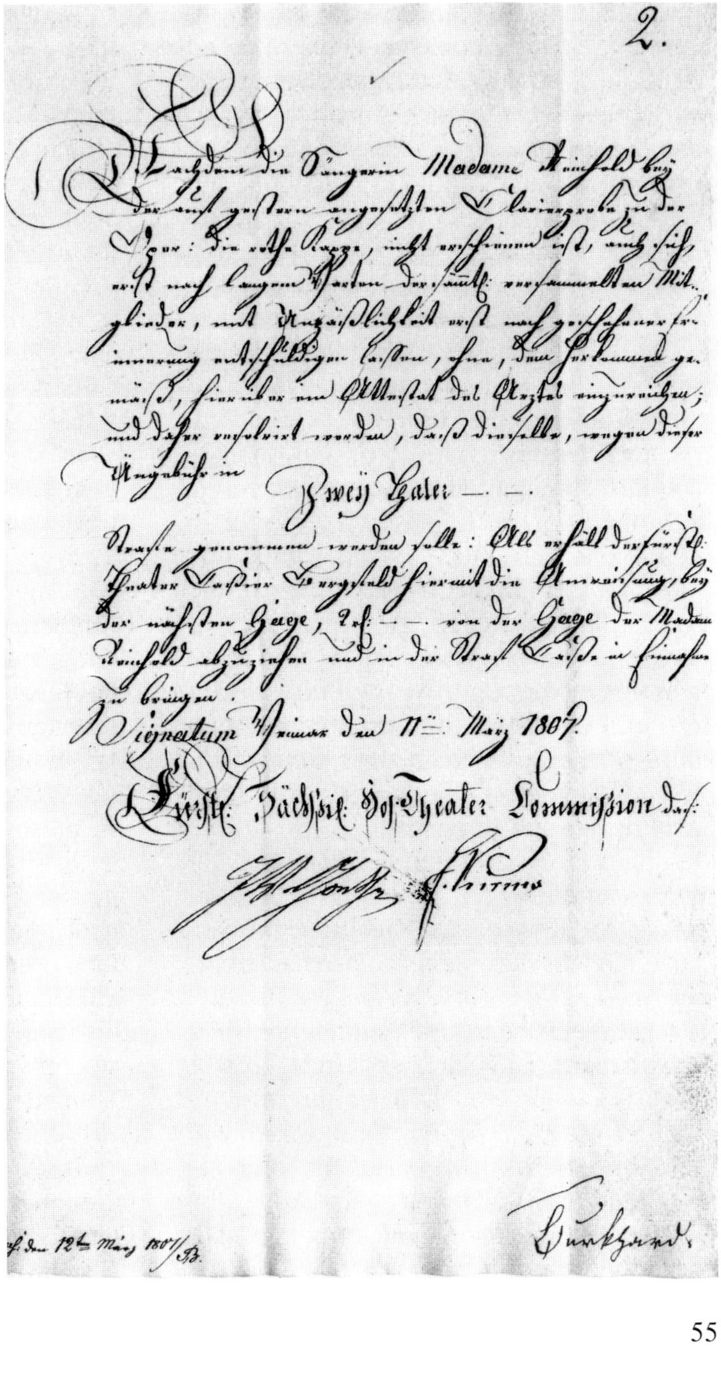

dung eines guten Theaters die Überwindung dieser individualistischen Praktiken voraussetzte. Daher ging er konsequent gegen jegliche Form von Eigensinn vor, der das Gesamtspiel zu schädigen drohte. Wenn man bedenkt, daß ein Großteil seiner Schauspieler schon längere Zeit im Theatergeschäft tätig war und jeder seinen persönlichen Stil entwickelt hatte, so ist es nicht verwunderlich, daß Zusammenstöße nicht ausblieben, als Goethe die Unterordnung aller unter den Geist eines Bühnenstückes forderte. Leichter fiel es den jungen, noch formbaren Kräften, sich Goethes Postulate zu eigen zu machen. Zu großen Hoffnungen berechtigte z.B. die früh verstorbene Christiane Becker-Neumann, eine junge Nachwuchsschauspielerin, deren Naturtalent in idealer Weise Goethes Vorstellungen entgegenkam. Sechs Jahre nach ihrem Tod, 1803, wurde Pius Alexander Wolff Goethes Schüler und bildete sich völlig nach den Anschauungen seines Lehrers. Außer diesen beiden wäre nur noch Karoline Jagemann zu nennen, die sich in dieselbe Stilrichtung entwickelt hatte. Ansonsten mußten sich Goethe wie Schiller mit dem darstellerischen Mittelmaß zufriedengeben, das auch in Weimar überwog.

Die Leseproben brachten neben den schon genannten noch einen weiteren Vorteil mit sich: Sie erleichterten den Darstellern den Zugang zu den Dramen, die in Versform geschrieben waren. Es mag für uns heute schwer nachvollziehbar sein, welche Hemmungen gegenüber dieser Form der Rede damals bestanden – Goethe umschrieb die Scheu der Schauspieler vor dem Versesprechen mit dem Begriff ›Rhythmophobie‹ –; Tatsache ist jedenfalls, daß sich unter den Schauspielern sogar die Unsitte einbürgerte, die Rollen heimlich in Prosa umzuschreiben und den Text dann wie gewohnt zu lernen. Der Rhythmus der Verse blieb dabei naturgemäß auf der Strecke. Während er im allgemeinen dem Publikumsbedürfnis durch Aufführungen von Singspielen, Familienstücken, Lustspielen usw. nachgab, setzte Goethe regelmäßig auch Versdramen auf den Spielplan. Über die Erstaufführung von Schillers ›Don Carlos‹ berichtete Eduard Franz Genast: »Am 28. Februar 1792 kam ... ›Don Carlos‹ zum ersten Mal in Weimar zur Aufführung. Die alten Schauspieler konnten durchaus keine fließende Recitation der Schiller'schen Jamben zu Stande bringen; die langen Silben dehnten sie so ungebührlich, daß man glaubte, eine Sägemühle zu hören, und trotz einer Menge Leseproben, welche Goethe hielt, hoben sie immer noch den Vers mit schwerfälliger Absichtlichkeit hervor. Uebrigens erlitten auch außerhalb Weimars die Schiller'schen Verse arge Behandlung: war es doch sogar anerkannten Schauspielern wie Opitz, Reinecke, Schirmer etc. (bei der Franz Seconda'schen Gesellschaft) nicht möglich, eine rhythmisch geschriebene Rolle auswendig zu lernen; dieselbe mußte immer erst in Prosa geschrieben und hinter jedem Vers ein dicker Strich gemacht werden.«[31]

Es war Goethes Ziel, »die sehr vernachlässigte, ja von unsern vaterländischen

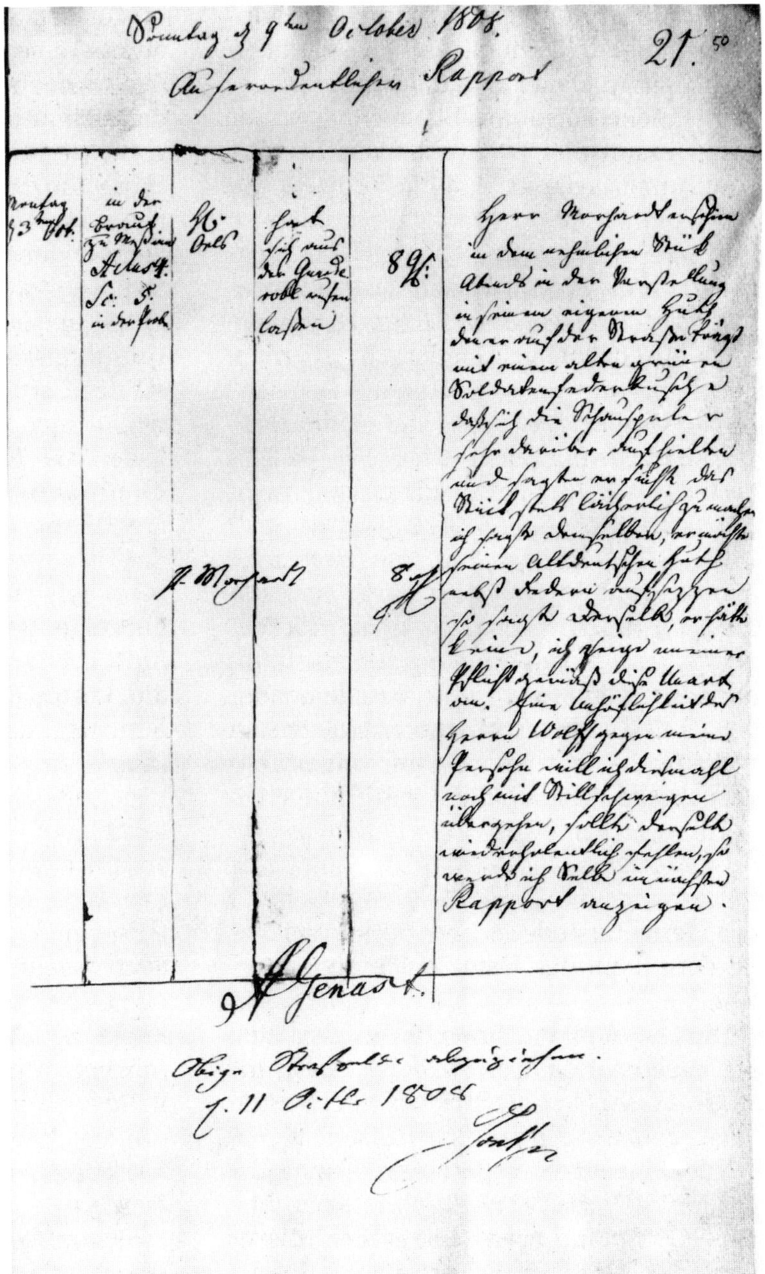

Strafzettel für Otto Morhard vom 11. Oktober 1808
Handschrift von Anton Genast
Thüringisches Hauptstaats-archiv Weimar
Sonntag d. 9ten October 1808
Außerordentlicher Rapport
Montag d. 3ten Oct. / in der Braut zu Meßina Actus 4. Sc. 5. in der Probe / H. Oels / hat sich aus der Garderobe rufen laßen / 8 Gr. /
H. Morhardt /
8 Gr. /
Herr Morhardt erschien in dem nehmlichen Stük Abends in der Vorstellung in seinem eigenen Huth, den er auf der Straße trägt mit einem alten grünen Soldaten-federbusche daß sich die Schau-spieler sehr darüber aufhielten und sagten er suchte das Stück stets lächerlich zu machen, ich sagte demselben, er möchte sei-nen Altdeutschen Huth nebst Fe-dern aufsezzen so sagte derselbe, er hätte keinen, ich zeige meiner Pflicht gemäß diese Unart an. Eine Unhöflichkeit des Herrn Wolff gegen meine Persohn will ich diesmahl noch mit Still-schweigen übergehen, sollte der-selbe wiederholentlich fehlen, so werde ich Selben im nächsten Rapport anzeigen. A Genast.
Obige Strafgelder abzuziehen.
d. 11 Octbr. 1808 Goethe

Bühnen fast verbannte rhythmische Declamation wieder in Aufnahme zu bringen«: »Die Gelegenheit, den architektonisch neu eingerichteten Schauspielsaal durch den Wallensteinischen Cyclus einzuweihen, wurde nicht verabsäumt, so wie zur Übung einer gewissen gebundneren Weise in Schritt und Stellung, nicht weniger zur Ausbildung rednerischer Declamation, Mahomet und Tancred rhythmisch übersetzt auf das Theater gebracht wurden. Macbeth, Octavia, Bayard gaben Gelegenheit zu fernerer Übung, so wie endlich Maria Stuart die Behandlung lyrischer Stellen forderte, wodurch der theatralischen Recitation ein ganz neues Feld eröffnet ward.«[32]

Die Einstudierung der einzelnen Teile des ›Wallenstein‹ (1798/99), des ersten Dramas von Schiller, das in Weimar uraufgeführt wurde, leitete eine intensive Auseinandersetzung mit dem Problem des Versesprechens, der rhythmischen Deklamation ein. Mit der Aufführung dieses Trauerspiels wurde jene Phase in der Direktionszeit Goethes eingeleitet, in der Schiller unmittelbar Einfluß auf das Theater gewann und damit die Herausbildung des weimarischen Theaterstils beförderte. Schiller nahm an Lese- und Bühnenproben teil und wirkte als Wortregisseur, während Goethe mehr die praktische Realisierung im Auge behielt. Noch stärker ins Gewicht fällt allerdings Schillers Anteil an der Bereicherung des Repertoires, einmal durch seine eigenen Trauerspiele, zum anderen durch die Bearbeitung von Dramen der Weltliteratur, von Shakespeare, Voltaire, Gozzi, Racine u. a.

Mit der Übersiedlung Schillers nach Weimar (1799) verstärkte sich seine tätige Teilnahme am Theatergeschehen. Hatten die Schauspieler im ›Wallenstein‹ noch nicht die gewünschte Sprachqualität erreicht, so zeichnete sich die Erstaufführung der ›Maria Stuart‹ (1800) bereits durch einen höheren Grad an Stilisierung aus. Hier zeigten sich auch erste Früchte des Bemühens um Ensemblespiel, und Schiller konnte seinem Freund Körner mitteilen: »Unsre Gesellschaft ist in jedem Sinne beßer, nicht wegen einzelner vorragender Talente sondern wegen der hübschen Haltung und Uebereinstimmung des Ganzen.«[33]

Schillers vorletztes vollendetes Drama, ›Die Braut von Messina‹ (1803), war ganz besonders gut geeignet zur Erprobung der neuen gestalterischen und sprachlichen Mittel. Iffland, der sein Interesse an dem Stück für die Berliner Bühne bekundet hatte, erhielt von Schiller die folgende knappe Charakteristik des Werkes: »Es ist nach der Strenge der alten Tragödie gemacht, eine einfache Handlung, wenig Personen, wenig Ortveränderung, eine einfache Zeit von einem Tag und einer Nacht, vornehmlich aber der Gebrauch des Chors, so wie er in der alten Tragödie vorkommt; auf ihn ist die Hauptwirkung der Tragödie berechnet. Die Darstellung wird nicht schwer seyn, da die Reden des Chors nicht mit Musik begleitet werden, ein etwas feierlicherer und pathetischerer Vortrag der lyrischen Stellen, eine belebte Aktion auch bei denen, welche nicht selbst reden, eine möglichst symmetrische Disposition der Figuren möchte das wesentlichste seyn.«[34]

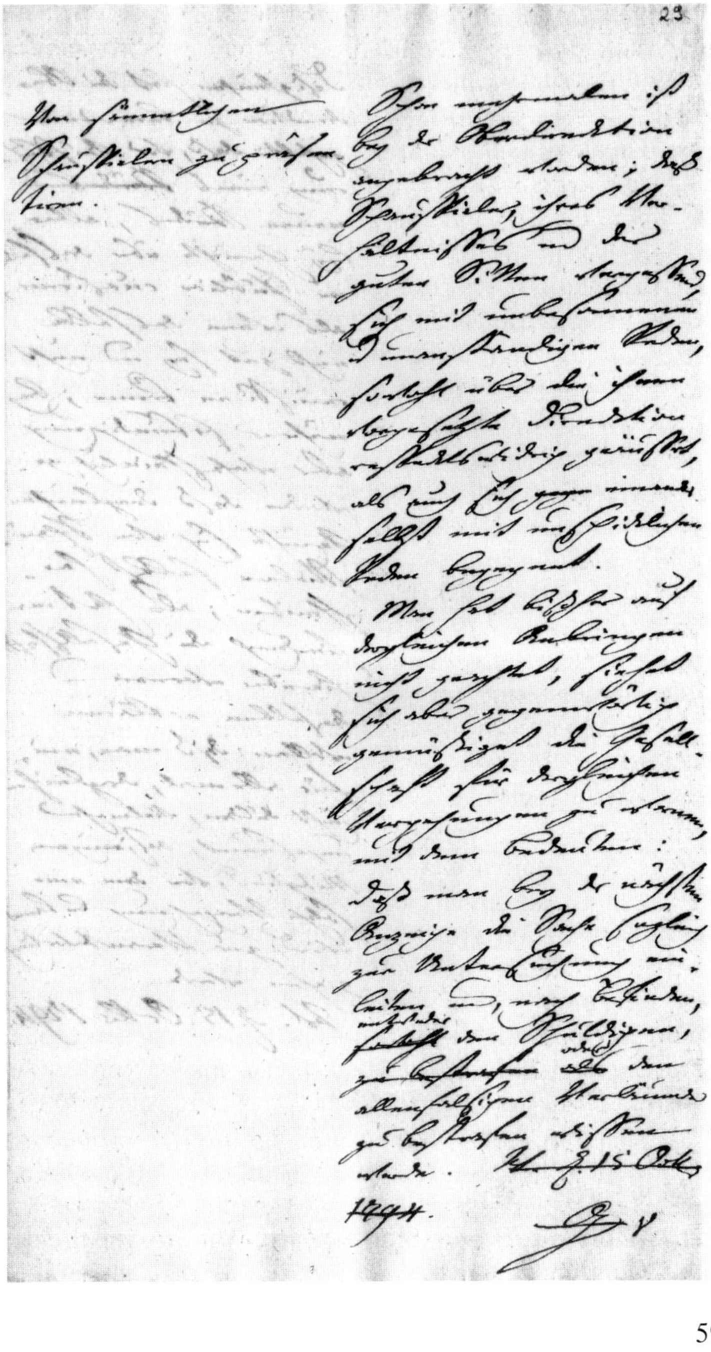

Warnung an die Schauspieler
Schreiben von Johann Wolfgang Goethe, eigenhändig, 15. Oktober 1794
Thüringisches Hauptstaatsarchiv Weimar

Vor sämmtlichen Schauspielern zu präsentiren

Schon mehrmalen ist bei der Oberdirektion angebracht worden; daß Schauspieler, ihres Verhältnisses und der guten Sitten vergessend, sich mit unbesonnenen und unanständigen Reden, sowohl über die ihnen vorgesetzte Direktion respektswidrig geäussert, als auch sich gegen einander selbst mit unschicklichen Reden begegnet.

Man hat bißher auf dergleichen Anbringen nicht geachtet, siehet sich aber gegenwärtig gemüßiget die Gesellschaft für dergleichen Vergehungen zu warnen,
mit dem Bedenken:
daß man bei der nächsten Anzeige die Sache sogleich zur Untersuchung einleiten und, nach Befinden, entweder den Schuldigen, oder den allenfalsigen Verläumder zu bestrafen wissen werde. Goethe.

Aus dem Aufbau und der sprachlichen Gestaltung des Trauerspiels erklärt sich, daß Goethe gerade dieses Stück als Musterfall für die Anwendung des weimarischen Theaterstils dienen konnte: hier ließen sich die Deklamation verschiedenster Versrhythmen (Trochäen, Daktylen u.a.) exemplarisch vorführen und in der Anordnung der Figuren wie des Chors mustergültige Arrangements entsprechend Goethes und Schillers ästhetischem Verständnis schaffen. Im Ergebnis dieser eingehenden theaterpraktischen Auseinandersetzung mit Schillers »äschyleischer Tragödie«, wie er sie selbst nannte, entstand denn auch eine Art Instruktion für die Schauspieler, in welcher Weise welche Situation bühnenwirksam gestaltet werden sollte. Goethe stellte sie als ›Regeln für Schauspieler‹ (1803) für seine beiden Nachwuchsdarsteller Pius Alexander Wolff und Karl Franz Grüner zusammen.

Bedeutende Anregungen für dieses Regelwerk bekam Goethe von den mehrmaligen Gastspielen, die Iffland in Weimar gab, das erste 1796. Dabei erscheint es bezeichnend, daß Iffland seine Glanznummern als Hauptdarsteller in bürgerlichen Stücken aus eigener Feder oder in Dramen von Schröder, Gemmingen, Kotzebue, Dalberg, Babo u.a. darbot und sich nur in einer Schiller-Rolle vorstellte: als Franz Moor,

Johann Wolfgang Goethe: Regeln für Schauspieler
§ 81–83
Handschrift von Johann Peter Eckermann, 1824
Goethe- und Schiller-Archiv Weimar

§ 81. Wenn er seine Rolle auswendig lernt, soll er sich immer gegen einen Platz wenden; ja selbst wenn er für sich oder mit seines Gleichen beym Essen zu Tische sitzt, soll er immer suchen ein Bild zu formiren; alles mit einer gewissen Grace anfassen, niederstellen, als wenn es auf der Bühne geschähe, und so soll er immer mahlerisch darstellen.

Stellung und Gruppirung auf der Bühne.

§ 82. Die Bühne und der Saal, die Schauspieler und die Zuschauer machen erst ein Ganzes.

§ 83. Das Theater ist als ein figurenloses Tableau anzusehen, worin der Schauspieler die Staffage macht.

William Shakespeare: Romeo und Julia Dekorationsskizze für die Gruft der Capulets
Zeichnung auf der Rückseite eines Manuskriptbruchstücks von Johann Wolfgang Goethe zu seiner Bearbeitung von ›Romeo und Julia‹
Feder, Sepia, 1811
Goethe- und Schiller-Archiv Weimar

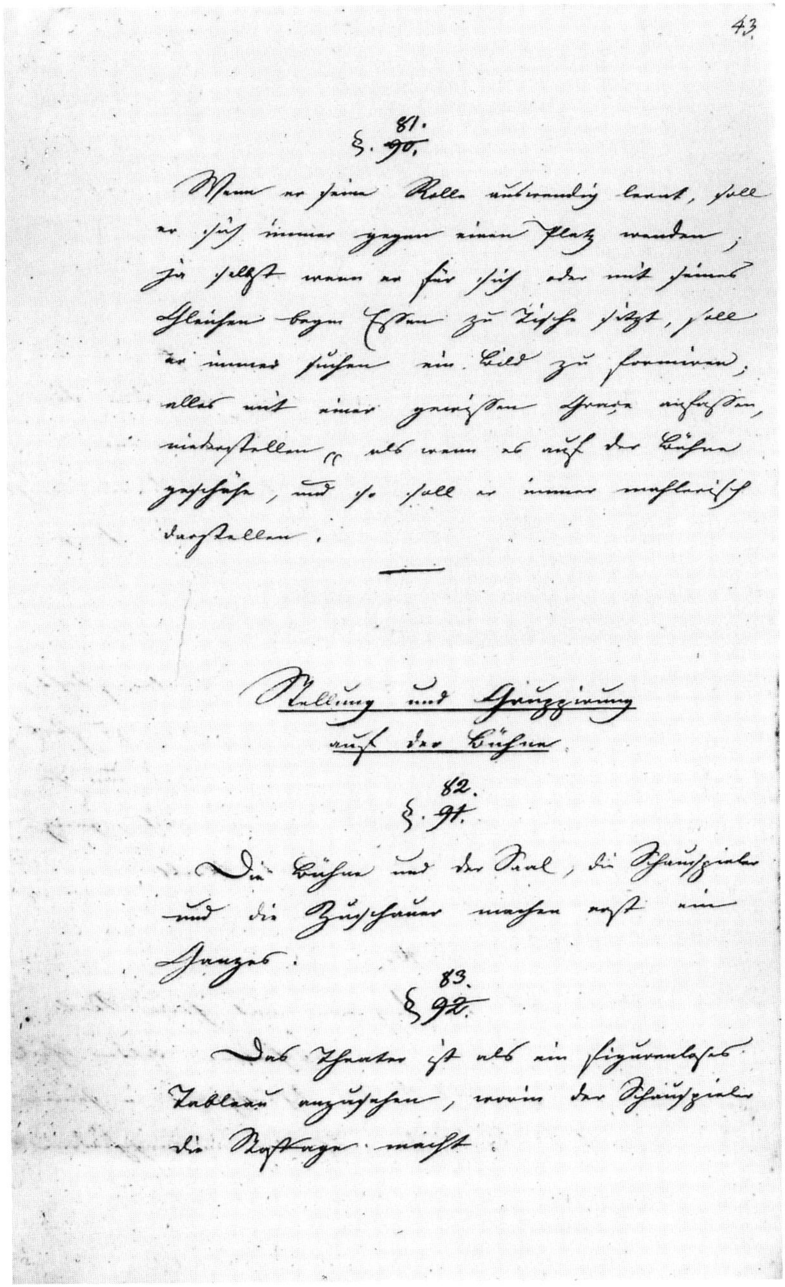
43

§. 81. ~~90.~~

Wenn er seine Rolle auswendig lernt, soll er sich immer gegen einen Platz wenden; ja selbst wenn er für sich oder mit seines Gleichen beym Essen zu Tische sitzt, soll er immer suchen ein Bild zu formiren; alles mit einer gewissen Grace anfassen, niederstellen, als wenn es auf der Bühne geschähe, und so soll er immer mahlerisch darstellen.

Stellung und Gruppirung auf der Bühne.

§. 82. ~~91.~~

Die Bühne und der Saal, die Schauspieler und die Zuschauer machen erst ein Ganzes.

§ 83. ~~92.~~

Das Theater ist als ein figurenloses Tableau anzusehen, worin der Schauspieler die Staffage macht.

Friedrich Schiller: Wallensteins Lager
Kolorierte Aquatintaradierung von Johann Christian Ernst Müller nach Georg Melchior Kraus
Goethe-Nationalmuseum Weimar
Die Vorzeichnung von Kraus entstand während der Uraufführung des Stückes am 12. Oktober 1798.

den er erstmals 14 Jahre zuvor in Mannheim zur Uraufführung gespielt hatte. Diese Rollenwahl ist leicht erklärbar, verdankte Iffland doch gerade seinem ausgeprägten Natürlichkeitsstil die großen Bühnenerfolge. Iffland hat das Wesen dieser Art von Darstellung so beschrieben: Man müsse seine eigene Individualität bis zur Unkenntlichkeit zurückdrängen bzw. gänzlich verleugnen, nur dann sei es möglich, vollständig in die neue Haut zu schlüpfen, d. h. sich eine Rolle zu verinnerlichen. Goethe urteilte darüber folgendermaßen: »In früherer Zeit stand dieser Maxime ein falsch verstandner Conversationston sowie ein unrichtiger Begriff von Natürlichkeit entgegen. Die Erscheinung Ifflands auf unserm Theater löste endlich das Räthsel. Die Weisheit, womit dieser vortreffliche Künstler seine Rollen von einander sondert, aus einer jeden ein Ganzes zu machen weiß und sich sowohl in's Edle als in's Gemeine, und immer kunstmäßig und schön, zu maskiren versteht, war zu eminent, als daß sie nicht hätte fruchtbar werden sollen.«[35]

Fruchtbar wurde Ifflands Vorbild auch insofern, als Goethe bei Erstengagements die Kandidaten nach folgender Methode prüfte: Zunächst ließ er den Debütanten

Friedrich Schiller: Die Braut von Messina
Kolorierte Radierung von Johann Christian Ernst Müller nach Johann Friedrich Matthaei, 1812
Goethe-Nationalmuseum Weimar
Stellung und Gestik der Figuren entsprechen ganz den Goetheschen Regeln für Schauspieler.

spielen, was jener wollte. In dieser Rolle spielte der Anwärter vor allem sich selbst, und daraus ließ sich sein Temperament ableiten. War es eine ruhige Natur, gab Goethe ihm als nächste eine heftige, bewegliche Rolle; war es eine lebendige Natur, bekam er auf, einen phlegmatischen Charakter zu verkörpern. So brachte er die angehenden Schauspieler von Anfang an dazu, ihre individuelle Wesensart zu unterdrücken und ihre Fähigkeit zur Verwandlung zu trainieren.

Die ›Regeln für Schauspieler‹ fassen die theaterpraktischen Erfahrungen Goethes aus den ersten zwölf Jahren seiner Tätigkeit als Theaterdirektor und Regisseur zusammen. In 91 Paragraphen werden seine Erkenntnisse über die künstlerischen Mittel des Schauspielers, Sprache und Körperbewegung, verallgemeinernd dargelegt. Aus vielen dieser Regeln spricht die Sorge um den unausgebildeten Anfänger. So wird ihm z.B. angeraten, vom Dialekt herrührenden sprachlichen Unsauberkeiten durch übertrieben deutliche Artikulation zu begegnen.

Wichtig ist für den Gebrauch der Sprache die Unterscheidung von »Recitation«,

»Zusammengesetzte bedeutsame Gesticulationen« / »Zusammengesetzte bedeutsame Gesten«
Federzeichnungen auf Pergament, Tusche von F. W. A. Häser und Gustav Häser, 30. April/4. Mai 1832
2 Blätter aus einer Serie
Goethe-Nationalmuseum Weimar
Erstveröffentlichung

bei der das Naturell des Akteurs unangetastet bleibt, und »Declamation oder gesteigerter Recitation«, wobei man den »angebornen Charakter verlassen«, sein »Naturell verläugnen« und jede »leidenschaftliche Regung als wirklich gegenwärtig« empfinden müsse.[36] Dem schließt Goethe sogleich die folgende Warnung an: » … wechselt er die Töne zu schnell, spricht er entweder zu tief oder zu hoch oder durch zu viele Halbtöne, so kommt er in das *Singen*; im entgegengesetzten Fall aber geräth er in *Monotonie*, die selbst in der einfachen Recitation fehlerhaft ist – zwei Klippen, eine so gefährlich wie die andere, zwischen denen noch eine dritte verborgen liegt, nämlich der *Predigerton*.«[37]

Zur »Stellung und Bewegung des Körpers auf der Bühne« bemerkt Goethe u. a.: »Zunächst bedenke der Schauspieler, daß er nicht allein die Natur nachahmen, sondern sie auch idealisch vorstellen sollte, und er also in seiner Darstellung das Wahre mit dem Schönen zu vereinigen habe.« – »Die Haltung des Körpers sei gerade, die Brust herausgekehrt, die obere Hälfte der Arme bis an die Ellbogen etwas an den Leib geschlossen, der Kopf ein wenig gegen den gewendet, mit dem man spricht, jedoch nur so wenig, daß immer dreiviertheil vom

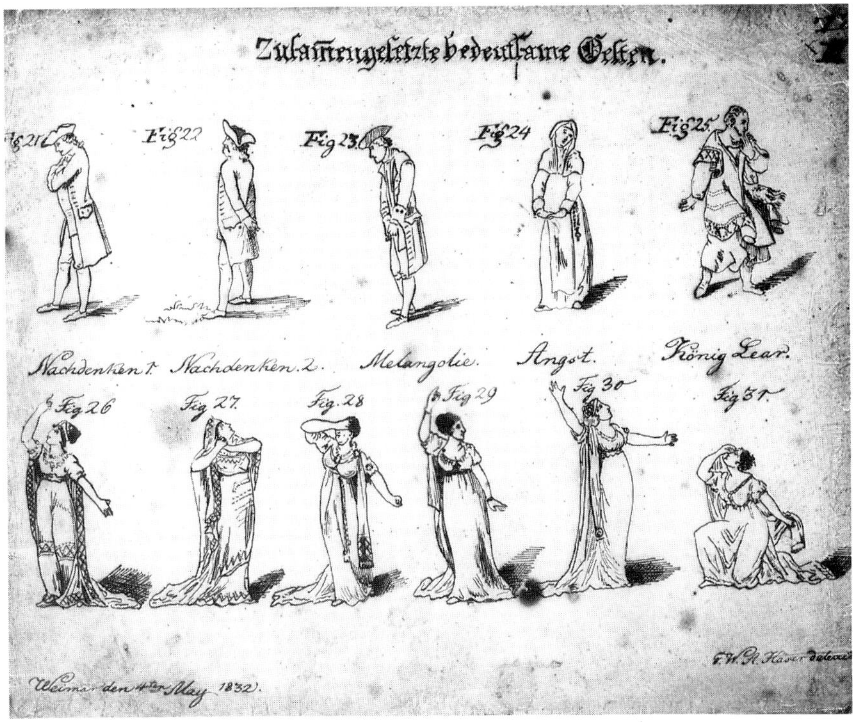

Gesicht gegen die Zuschauer gewendet ist.« – » … sie sollen nie im Profil spielen, noch den Zuschauern den Rücken zuwenden.«[38] Für die Darstellung eines jungen Mannes in nachdenklicher Stellung gibt Goethe folgende Empfehlung: » … wenn ich, die Brust und den ganzen Körper gerade herausgekehrt, in der vierten Tanzstellung verbleibe, meinen Kopf etwas auf die Seite neige, mit den Augen auf die Erde starre und beide Arme hängen lasse.«[39]

Auch für die »Haltung und Bewegung der Hände und Arme« formuliert Goethe eine ganze Reihe von Regeln, so etwa in § 48: »Die zwei mittlern Finger sollen immer zusammenbleiben, der Daumen, Zeige- und kleine Finger etwas gebogen hängen. Auf diese Art ist die Hand in ihrer gehörigen Haltung und zu allen Bewegungen in ihrer richtigen Form.«[40]

Zwei Paragraphen behandeln »Zu vermeidende böse Gewohnheiten«. Unter die »ganz groben Fehler« rechnet Goethe es, »wenn der sitzende Schauspieler, um seinen Stuhl weiter vorwärts zu bringen, zwischen seinen obern Schenkeln in der Mitte durchgreifend, den Stuhl anpackt, sich dann ein wenig hebt und so ihn vorwärts zieht«, weil »dieß nicht nur gegen das Schöne, sondern noch vielmehr gegen den

Wohlstand gesündigt« sei.[41] Scharf gewarnt wird schließlich vor der Untugend, sich auf der Bühne die Nase zu schneuzen oder gar auszuspucken.

Die 91 ›Regeln für Schauspieler‹ erscheinen aus heutiger Sicht teilweise starr und dogmatisch, manchmal auch komisch. Man muß Goethe jedoch zugute halten, daß er diese Richtlinien aufgestellt hat, weil er ohne eine tiefgreifende Reform der bisherigen schauspielerischen Praxis an der weimarischen Bühne nicht an sein Ziel hätte gelangen können. Es ging ihm immer um größtmögliche Harmonie des theatralischen Spiels, um das ideale Zusammenwirken aller an einer Inszenierung beteiligten Künste: im Mittelpunkt die schauspielerische Aktion mit ästhetisch ausgewogenen Figurengruppierungen, dazu ein dem Stück angemessenes, gegebenenfalls historisch exaktes Bühnenbild und eine darauf abgestimmte Kostümierung. Erst im Zusammenklang aller dieser Bereiche konnte sich für Goethe eine Inszenierung der Vollkommenheit annähern. Und man darf nicht übersehen, daß diese Regeln ausdrücklich für die Darstellung »edler, würdiger Charaktere« gelten sollten, nicht aber für solche, »die dieser Würde entgegengesetzt sind, z.B. die bäuerischen, tölpischen«: »Diese wird man nur desto besser ausdrücken, wenn man mit Kunst und Bewußtsein das Gegentheil vom Anständigen thut, jedoch dabei immer bedenkt, daß es eine nachahmende Erscheinung und keine platte Wirklichkeit sein soll.«[42] Problematisch dabei erscheint, daß sich Goethes Regeln für viele Rollen aus bürgerlichem bzw. plebejischem Milieu kaum oder gar nicht eigneten, Stücke mit solchen Rollen jedoch im Repertoire die übergroße Mehrheit bildeten.

Eine der gelungensten Inszenierungen im Sinne dieser Regeln ging 1807 über die Weimarer Bühne: Goethes ›Tasso‹, den der Dichter lange nicht zur Einstudierung freigegeben hatte. Zweifellos beherrschten die Schauspieler nun, nach der Aufführung von fünf neuen Dramen Schillers und von weiteren Versdramen, die Schiller bearbeitet hatte, darunter ›Nathan‹ von Lessing, ›Macbeth‹ von Shakespeare, ›Turandot‹ von Gozzi, ›Phädra‹ von Racine, das Rezitieren und Deklamieren von Versen weit besser. ›Iphigenie auf Tauris‹ war von Goethe übrigens als erstes seiner eigenen Stücke in gebundener Sprache schon fünf Jahre zuvor auf den Spielplan gesetzt worden.

Die ›Macbeth‹-Bearbeitung von Schiller in jambischen Versen erlebte ihre erfolgreiche Weimarer Uraufführung am 14. Mai 1800. Schiller lobte den Hauptdarsteller Vohs und zeigte sich zugleich erstaunlich tolerant, wenn er sagte: »Er hat zwar ganz andere Verse gesproche, als ich sie geschriebe hab, aber er ischt trefflich.«[43] Vohs hatte offenbar eine schauspielerische Methode angewendet, die damals noch stark verbreitet war: das Extemporieren. Dieses Reden, Singen, Spielen aus dem Stegreif wurde im beginnenden Zeitalter der Regieführung immer mehr verpönt. Jetzt hatte sich der Darsteller der Konzeption des Regisseurs zu unterwerfen, und dazu gehörten zuallererst Texttreue und Einhaltung der gestalterischen Vorgaben. Im zitierten Falle war Vohs glücklich dem Unmut des Regisseurs entgangen; im allgemeinen aber pflegten die Theaterleiter solcherlei Eigenmächtigkeit zu bestrafen. Am Weimarer Theater mußten die Schauspieler dafür bis zu zehn Groschen Strafe zahlen. Gotthardi berichtet von einer solchen Begebenheit, in deren Mittelpunkt Heinrich Unzelmann stand, der schon des öfteren Stegreifeinlagen in seine Texte gemischt hatte: »Die mehreremal verbüßte Strafe veranlaßte ihn, als Rochus Pumpernickel seinem Pferde, worauf er angeritten gekommen war, und das sehr natürlich extemporirt hatte, mit dem Finger drohend zuzurufen: ›Du, hüte dich; das Extemporiren ist bei zehn Groschen Strafe verboten!‹ «[44]

Gelegentlich wußte sich auch die Theaterleitung mit nicht ›regelrechten‹ Mitteln zu helfen. Als die Darstellerin der Königin der Nacht in Mozarts ›Zauberflöte‹ allzu offenkundig Mutterfreuden entgegensah, ordnete Goethe an, daß sie hinter den Kulissen kräftig singen sollte, während auf der Bühne eine Kollegin die entsprechenden Bewegungen ausführte.

Das weimarische Hoftheater errang sich sein Ansehen durch das an keiner anderen Bühne so vollkommen beherrschte Ensemblespiel und die getragene rhythmische Deklamation. Es gab im Schauspiel eigentlich keine herausragenden Einzeldarsteller, was Schiller in einem Brief an Goethe zu der Schlußfolgerung veranlaßte: »Was das Publicum etwa an den einzelnen Leistungen vermißte, müssen wir durch ein gutes Ensemble zu ersetzen suchen.«[45] Aus dieser Sicht bewertete Schiller im Grunde jede schauspielerische Leistung, wußte aber auch das ganz spezifische Können des einzelnen Darstellers einzuschätzen. Als er hörte, daß Iffland, dessen Grenzen er kannte, bei seinem zweiten Weimarer Gastspiel (1798) u.a. als Pygmalion in dem gleichnamigen Monodrama von Rousseau auftreten wolle, äußerte er am 24. April 1798 gegenüber Goethe seine Bedenken: »Es ist mir absolut unbegreiflich, wie ein Schauspieler, auch bloß von einer ganz gemeinen Praxis, den Begriff seiner Kunst so sehr aus den Augen setzen kann, um in einer so frostigen, handlungsleeren und unnatürlichen Fratze sich vor dem Publicum abzuquälen. Dazu kommt noch, daß Iffland in seinem Leben nie eine Schwärmerey oder irgend eine exaltierte Stimmung weder zu fühlen noch darzustellen vermocht hat, und als Liebhaber immer abscheulich war.«[46] Vier Tage später antwortete Goethe, noch ganz im Banne des Theaterabends: »Pigmalion machte Anspruch an die höchste theatralische Würde und Fülle … Was er … geleistet hat wird durch keine Worte auszudrücken seyn …«[47] Anfang Mai jedoch fiel sein Urteil schon wesentlich kritischer aus: »Iffland hat nun gestern mit dem Amtmann in der Aussteuer geschlossen, nachdem er mir in dem Laufe seiner Vorstellungen gar manches zu denken gegeben, das im ganzen mit dem was Sie äussern übereinstimmt.«[48] Diese Einwände von Weimarer Seite gegenüber Ifflands Menschendarstellung – sie änderten im übrigen nichts an Goethes prinzipieller Hochschätzung des Schauspielers – zogen nicht in Rechnung, daß Iffland ganz anderen Vorbildern nacheiferte: »Ifflands Schule war nur eine Modifikation der Hamburger. Fleck, Iffland, Frau Unzelmann, alle erlaubten sie sich Verletzungen des jambischen Rhythmus, setzten Sylben zu und ließen Füße fort, nicht weil ihnen das Gefühl für den Taktschritt des Verses abgegangen wäre, sondern weil sie dafür hielten, daß er sich unterordnen, ja daß er sich verletzen lassen müsse, wo der unmittelbare dramatische Ausdruck eine völlig zwanglose, dem Redner natürliche Wortstellung verlange.«[49]

Goethe interessierte sich sehr für das Theaterleben in anderen Städten. Er wollte wissen, wie und was man andernorts spielte, um Anregungen für seine eigene Theaterarbeit zu gewinnen. Über das Theatergeschehen in seiner Vaterstadt Frankfurt erbat er sich von seiner Mutter regelmäßigen Bericht. Auf Wunsch ihres Sohnes verfertigte Katharina Elisabeth Goethe 1797 eine Aufstellung über ehemalige Frankfurter Bühnenkünstler und versah jeden einzelnen Namen mit einem sachkundigen Kommentar:

»Schauspieler, welche von Anno 1785 an in Frankfurth gespielt gegenwärtig aber sich nicht mehr daselbst befinden.

Ellmenreich	Buffon in der Oper
Hübsch	vortrefflicher Basist – Sarastro und der gleichen
Brückel	Väter im Lust und Trauerspiel
Aschenbrenner	erbärmlicher Hecht
Madame Kuntzen	gute Sängerin schlechte Actriese
Döbler	nicht sonderlich
Porsch	gantz vortreflich
Demoiselle Kalmus	kan noch gut werden
Stegmann	war 1790 ein guter Schaupieler singt
ditto Frau	nicht viel rahres
Walther Senior	sehr braver Sänger
ditto Frau	gute Sängerin
Madame Mende	vortrefliche Schauspielerin
deren Mann	siehe Aschenbrenner
Christ	gut nur zu alt
Pauser	nicht übel singt
deßen Tochter	sehr brave Sängerin noch jung
Madame Wolschowsky	so so
ditto Mann	nicht viel rahres
Walter junior	guter Sänger«[50]

Das Berliner Bühnengeschehen wurde von Goethes Freund Karl Friedrich Zelter, Direktor der Berliner Singakademie, aufmerksam verfolgt. Durch ihn war Goethe stets auf dem laufenden. Am 8. November 1815 schrieb Zelter ihm: »Mit der Erziehung derselben [Schauspieler – U. M.-H.] sieht es hier etwas windig aus, auch wüßte ich in der That nicht von wem sie was lernen sollten.«[51] Und an anderer Stelle heißt es zu demselben Problem: »Wenn die guten Leute nur erst wollten reden lernen! Dieses Stoßen und Holpern und Stolpern und Drücken und Quetschen der Consonanten,

Friederike Bethmann-Unzelmann
Gipsbüste von Christian Friedrich Tieck, 1802
Goethe-Nationalmuseum Weimar
»Der Geist, in welchem diese treffliche Schauspielerin die einzelnen Rollen bearbeitet und sich für eine jede umzuschaffen weiß, die Besonnenheit ihres Spiels, ihre durchaus schickliche und anständige Gegenwart auf den Brettern, die reizende Weise, wie sie als eine Person von ausgebildeter Lebensart die Mitspielenden ... zu beleben weiß, ihre klare Recitation, ihre energische und doch gemäßigte Declamation, kurz das Ganze, was Natur an ihr und was sie für die Kunst gethan, war dem Weimarischen Theater eine wünschenswerte Erscheinung ...«
(WA I 40, S. 75f.)

das sie wie ein Pfahlwerk vor der Luftröhre stehn haben, hindert jede gute Intention und ihr eigenes Gefühl. Deutlichkeit, Freyheit und Anmuth sind unerreichbar wenn der Redner mehr Zeit und Kraft zum Athmen als zum Sprechen braucht. Wozu sind denn Leseproben, wenn das Nothwendigste nicht geübt wird? Was jeder gute Bereiter seinem Pferde zuerst beybringt ist ein stehender Athem; und der ausübende Artist zerstört seine Brust indem er das Gedicht entstellt und dem Zuhörer seine Brustschmerzen mittheilt.«[52]

Die Stuttgarter Bühne lernte Goethe auf seiner dritten Reise in die Schweiz selbst kennen, und zwar durch eine Aufführung des ›Don Carlos‹. Dieser Theaterabend befriedigte ihn ganz und gar nicht: »Ich habe nicht leicht ein Ganzes gesehen, das sich so sehr dem Marionettentheater nähert als dieses. Eine Steifheit, eine Kälte, eine Geschmacklosigkeit, ein Ungeschick die Meubles auf dem Theater zu stellen, ein Mangel an richtiger Sprache und Declamation in jeder Art Ausdruck irgend eines Gefühls oder höhern Gedankens, daß man sich eben 20 Jahre und länger zurückversetzt fühlt. Und was am merkwürdigsten ist, kein einziger, der auch nur sich irgend zu seinem Vortheil auszeichnete; sie passen alle auf das beste zusammen. Ein paar junge wohlgewachsene Leute sind dabey, die weder übel sprechen noch agiren, und doch wüßte ich nicht zu sagen ob von einem irgend für die Zukunft was zu hoffen wäre.«[53]

Bei derartigen Äußerungen ist allerdings

William Shakespeare:
Der Kaufmann von Venedig
August Wilhelm Iffland als Shylock
Kostümfigurine
Kolorierter Stich von Carl Friedrich Thiele
Aus: Kostüme auf dem Königlichen Nationaltheater Berlin. Berlin 1808–1811, Band 2

Karoline von Heygendorf geb. Jagemann
Pastellgemälde von Luise Seidler, um 1810
Goethe-Nationalmuseum Weimar

zu berücksichtigen, daß die Klassiker-Inszenierungen anderer Bühnen am weimarischen Stil der hohen Tragödie gemessen werden und die Urteile dementsprechend kritisch ausfallen. So wie in Weimar spielte man nirgendwo. Das hieß aber nicht, daß klassische Dramen nicht auch auf andere Art bühnenwirksam zu machen waren. An der Berliner Hofbühne etwa gab es Klassiker-Inszenierungen, die höchsten Beifall fanden. Ihr Erfolg war nicht einem durchgehenden Ensemblestil zu danken, sondern dem schauspielerischen Können einiger herausragender Einzeldarsteller: Johann Friedrich Ferdinand Fleck als Franz Moor in den ›Räubern‹ und als Wallenstein, der schon erwähnten Friederike Bethmann-Unzelmann als Iphigenie und Maria Stuart, Henriette Meyer-Hendel-Schütz als Jungfrau in der ›Jungfrau von Orleans‹, Luise Fleck als Thekla in ›Wallenstein‹ und als Beatrice in der ›Braut von Messina‹ sowie natürlich Iffland.

Die Rolle des Wallenstein war Flecks letzte und beste Leistung. Schon als Karl Moor hatte er seinerzeit in Hamburg einen großen Erfolg in einer Schiller-Rolle erzielt. Als Wallenstein zog er nun erneut alle Register seines schauspielerischen Könnens. »Ohne Übertreibung darf man sagen, daß am Wallenstein kein Zug ist, der nicht Flecks eigenster Natur entsprochen und in seinem Herzen Widerhall gefunden hätte: die heroische Würde, die tiefe Tragik und die fatalistische Neigung. Hätte Schiller dem Künstler eine Rolle auf den Leib schreiben wollen, er hätte den Wallenstein nicht anders gestalten dürfen.«[54]

Iffland hatte es deshalb als Rollennachfolger schwer, einen ebenso überzeugenden Wallenstein vor das Publikum zu bringen. Ein Fleck-Enthusiast gab folgenden gehässigen Bericht: »Man sehe dagegen den krummbeinigen Ifland mit dem Hängebauch, und alle seine Anstrengung ist vergebens, einen Wallenstein zur Welt zu bringen. Ifland kann Jahre lang vergebens sich mühen, um einen Blick von Fleck und zwey Worte so zu sprechen wie er sie sprach.«[55]

Iffland, an dem Schiller »in edeln, ernsten und empfindungsvollen Rollen …

Wilhelm Vogel: Der Amerikaner Iffland als Kaufmann Herb
Bleistiftzeichnung aus einer Serie von Wilhelm und Moritz Henschel, während der Vorstellung gezeichnet, 1808–1811
Goethe-Nationalmuseum Weimar

mehr seine Geschicklichkeit, seinen Verstand, seinen Calcul und Besonnenheit« bewunderte und der ihm unfähig erschien, in der Tragödie eine »poetische Stimmung« zu erzeugen,[56] war dennoch schauspielerischer Erfolg auch in Klassiker-Rollen beschieden: als Wilhelm Tell, Octavio Piccolomini und (trotz der zitierten Kritik) auch als Wallenstein sowie als Philipp II.

Die Stärken Ifflands bestanden in scharfem Pointieren, spritziger Dialogführung, redenden Gebärden und ausdrucksstarker Mimik. Eine in den Jahren 1809–1812 veröffentlichte Kupferstich-Serie von Moritz und Wilhelm Henschel nach Zeichnungen, die während der Theatervorstellungen entstanden, veranschaulicht seine mimischen und gestischen Fähigkeiten.

Ifflands Amtsnachfolger am Berliner Nationaltheater ab 1815, Graf Moritz von Brühl, stand innerlich dem weimarischen Kreis um Goethe nahe. Als junger Mann hatte er Goethes Bemühungen um das Liebhabertheater und dessen grundsätzliche Ansichten über Theaterkunst und Darstellungsweise kennengelernt. Mit dem Engagement von Pius Alexander Wolff und seiner Frau Amalie, die bis 1816 in Weimar in Vertrag waren, hoffte er dem hohen deklamatorischen Stil der Weimarer in Berlin Verbreitung zu verschaffen. In seinem Rechtfertigungsbrief vom 3. Januar 1816 an Goethe, der den Weggang seines Zöglings natürlich nicht gern sah, hieß es dazu: »Auch ist es ja wohl gebräuchlich, wenn Studenten eine Zeitlang auf der hohen Schule gewesen, sie von da wegzunehmen und ihnen wichtige Stellen im Staate anzuvertrauen. Weimar ist nun einmal unsere hohe dramatische deklamatorische Schule, solange Ihr Geist dort waltet, und so können Sie uns auch nicht zürnen, wenn wir einige Funken dieses Geistes an uns zu ziehen wünschen.«[57] Einige Wochen nach Wolffs Beginn am Berliner Theater konnte sich Zelter nur anerkennend über Goethes ehemaligen Schüler äußern: »Seine Sicherheit im Sprechen ist sehr zu loben und zeugt von gutem Studio, womit er hier sehr viel auf die andern wirken wird. Mit dem Sprechen und dem Vortrage überhaupt sind sie hier wie in der Wüste … keiner weiß, was er mit seinem Athem anfangen soll. … Es ist schrecklich wenn ein Kerl der eine Lunge hat wie ein Rhinozeros zu drey Worten dreymal Athem holen muß.«[58]

Das Engagement der Wolffs in Berlin ist als der wirkungsvollste Versuch zu werten, die Weimarer Spielweise auf einer anderen Bühne heimisch zu machen. Die beiden Schauspieler vermochten es jedoch nicht, den fest verankerten Natürlichkeitsstil, den Iffland nach Berlin gebracht hatte, zu verdrängen. Auch der Weggang anderer Weimarer Schauspieler trug kaum etwas zur Verbreitung der von Goethe geprägten Darstellungsweise bei. Das bekräftigt unsere Auffassung, daß der Weimarer Stil auf einer kooperativen Leistung des Ensembles beruhte und durch einzelne Schauspieler nur unvollkommen weitervermittelt werden konnte.

Friedrich Schiller: Die Jungfrau von Orleans
Amalie Malcolmi-Wolff als Jungfrau
Kohlezeichnung von Ferdinand Jagemann, undatiert
Goethe-Nationalmuseum Weimar
»Privatverhältnisse« (Schiller) hatten die Uraufführung des Stückes 1801 in Weimar unmöglich gemacht. Erst zwei Jahre darauf kam es mit Amalia Malcolmi-Wolff als Titelheldin zur Weimarer Erstaufführung.

Schauspieler – Publikum – Bühnenautor

Die herausragende Schauspielerpersönlichkeit am Weimarer Hoftheater war Karoline Jagemann. Ihre vielseitige Begabung ermöglichte ihr die Verkörperung von Sprech- wie von Singrollen; in beiden Fächern wurde sie als faszinierendes Talent gerühmt. Sie kam jedoch erst 1797 in Goethes Ensemble. Das Personal des 1791 neugegründeten Hoftheaters in Weimar bestand zunächst aus »verdienstvollen Individuen«, die schon unter Bellomo gespielt hatten, sowie aus neuen Kräften von anderen Bühnen. »Breslau und Hannover, Prag und Berlin sendeten uns tüchtige Mitglieder, die sich in kurzer Zeit in einander einspielten und einsprachen, und gleich von Anfang viele Zufriedenheit gewährten.«[59] Über die Jahre hinweg brachte Goethe schließlich ein Ensemble zusammen, das nach seinen Vorstellungen wirksam werden konnte. Neben Karoline Jagemann ist noch Amalie Malcolmi-Wolff den Besten zuzurechnen, ebenso die hoffnungsvolle Nachwuchsdarstellerin Christiane Becker-Neumann, die aber ein allzu früher Tod an der vollen Entfaltung ihrer Talente hinderte.

Unter den männlichen Mitgliedern ist der erste Wallenstein-Darsteller Johann Jakob Graff hervorzuheben, der viele Jahre dem Weimarer Theater angehörte und in zahlreichen klassischen Rollen zu sehen war. Was man ihm allerdings anlastete, war eine undeutliche Sprechweise und ein oft unangemessenes Pathos. Weiterhin zeichneten sich Karl Ludwig Oels, Heinrich Becker und Anton Genast durch ihre schauspielerischen Leistungen aus.

Betrachtet man die Theaterwelt im deutschsprachigen Raum insgesamt, so sind Weimars Schauspieler und Schauspielerinnen nicht zu den überragenden Persönlichkeiten zu zählen. Die einzige Ausnahme bildete Karoline Jagemann. Goethe ahnte wohl ihren Wert für das Weimarer Theater, als er Schiller am 29. Januar 1797 mitteilte, er habe sie »für den hiesigen Hof und das Theater gewonnen«: »… sie ist als Hofsängerin angenommen und wird in den Opern manchmal singen, wodurch denn unsere Bühne ein ganz neues Leben erhält.«[60] Die Jagemann übertraf seine Erwartungen sogar noch, da sie sich als vorzügliche Darstellerin klassischer Frauenfiguren erwies. Sie besaß ein ausgesprochenes Naturtalent, von dem sich Goethe noch drei Jahrzehnte später im Gespräch mit Eckermann angetan zeigte: »Ich mag auf sie gewirkt haben, allein meine eigentliche Schülerin ist sie nicht. Sie war auf den Brettern wie geboren und gleich in allem sicher und entschieden, gewandt und fertig wie die Ente auf dem Wasser. Sie bedurfte meiner Lehre nicht, sie tat instinktmäßig das Rechte, vielleicht ohne es selber zu wissen.«[61]

Als reines Naturtalent trat Karoline Jagemann, Tochter des Bibliothekars von Herzogin Anna Amalia und Schwester des Malers Ferdinand Jagemann, ihr Engagement in Weimar freilich nicht an. Der herzogliche Hof hatte sie 1792 zu Iffland an das Mannheimer Theater geschickt, wo sie bis 1796 ihr Talent erproben und ausformen konnte. Sie lebte bei dem Schauspielerehepaar Josepha und Heinrich Beck, die für die Ausbildung und Erziehung des jungen Mädchens sorgten. Parallel dazu bezog man sie immer mehr in die Aufführungen ein, wodurch ihre natürliche Doppelbegabung als Sängerin und Darstellerin mehr und mehr zur Entfaltung kam. Diese Art der Nachwuchsförderung, bei der man die Debütanten sozusagen ins Wasser warf, auf daß sie schwimmen lernten, war für das 18. Jahrhundert charakteristisch. Es gab noch keine Schauspielschulen, an denen eine umfassende schauspielerische

Karoline von Heygendorf als Porcia
Lithographie von Franz Hanfstaengl nach Joseph Stieler
Mit eigenhändiger Widmung Karoline von Heygendorfs an Christoph Martin Wieland
Goethe-Nationalmuseum Weimar

Ausbildung vermittelt wurde. Karoline Jagemanns Entwicklung führte auf direktem Weg zum Theater und schon bald zu einem festen Engagement an einer stehenden Bühne, wobei ihr die Unterstützung durch den Weimarer Hof natürlich zugute kam. Einen solchen Mäzen hatten freilich die wenigsten Debütanten aufzuweisen, so daß für viele der Weg zum Theater über Umwege führte. Da entsprechende Ausbildungsstätten fehlten, bildete sich der Nachwuchs meist individuell und größtenteils zufällig heraus.

Die Theater fanden ihre neuen Darsteller zunächst in den eigenen Reihen: unter den Schauspielerkindern. Hatte ein Ensemblemitglied Kinder, so wurde in dessen Kontrakt festgehalten, daß diese im Bedarfsfalle Kinder- oder Statistenrollen übernehmen mußten. Auf diese Weise wurden die Schauspielerkinder schon früh an die Bühne gewöhnt und erwarben sich meist rasch elementare schauspielerische Fähigkeiten. Aus den Theaterzetteln jener Zeit ist ersichtlich, daß oft ganze Schauspielerfamilien in einem Bühnenstück mitspielten, z.B. die Familien Döbbelin, Ackermann, Demmer oder Malcolmi. Die Ausbildung der Kinder übernahmen gewöhnlich anfangs die Eltern, später ausgewählte Bühnenmitglieder, und zwar getrennt für Sprache, Gesang und Tanz.

Weitere neue Kräfte gewann ein Theaterdirektor, indem er jungen Talenten Gelegenheit gab, ihre natürliche Begabung unter Beweis zu stellen. Man ließ sie vorsingen oder vorsprechen und entschied, oft nach einer Probezeit, ob eine Ausbildung sinnvoll war. Besonders bei den Wanderbühnen fanden sich talentierte junge Leute, meist aus kleinbürgerlichen Kreisen, ein, die den Zwängen der ständischen Gesellschaft entfliehen und sich auf dem Theater verwirklichen wollten. Sie brachten nichts weiter mit als ihr angeborenes Talent und den Mut, die Sicherheit einer bürgerlichen Existenz gegen die Unsicherheit des Wanderschauspielerlebens einzutauschen. Viele Schauspieler und auch einige Schauspielerinnen hatten ursprünglich einen bürgerlichen Beruf erlernt oder sogar studiert. Konrad Ekhof beispielsweise verdiente sich seinen Unterhalt als Postschreiber, ehe er zwanzigjährig bei der Schönemannschen Gesellschaft debütierte. August Klingemann, Schauspieler und später Theaterleiter in Braunschweig, hatte einige Zeit Jura und Philosophie studiert, ebenso Heinrich Anschütz, der mehr als 250 Rollen beherrscht haben soll und am Wiener Hofburgtheater zur Berühmtheit gelangte. Jesuitenzögling, dann Husar im Siebenjährigen Krieg war Joseph Anton Christ, ehe er vierunddreißigjährig bei Schröder in Hamburg sein erstes Engagement erhielt. Die berühmte Darstellerin Sophie Charlotte Akkermann erwarb, bevor sie zur Bühne kam, viele Jahre als Stickerin ihren Lebensunterhalt. Und Friedrich Ferdinand Fleck schließlich hatte sein Theologiestudium aufgegeben, um zu Bondini nach Leipzig zu gehen.

Die meisten Schauspieler und Schauspielerinnen bekamen erst nach längerer Bühnenpraxis bei einer Wandertruppe ein dauerhaftes Engagement an einer festen Hofbühne, die nicht immer die letzte Station ihres Entwicklungsweges sein mußte. Jeder Theaterleiter war aber an einem festen Stamm von Darstellern interessiert und deshalb bestrebt, die Fluktuation so niedrig wie möglich zu halten. Goethe z.B. schloß keine Kontrakte unter drei Jahren, um das von ihm herangebildete Ensemble über einen längeren Zeitraum zu erhalten. Das bewahrte ihn dennoch nicht ganz davor, daß ihn Mitglieder seines Theaters vorzeitig, unter Bruch des Vertrages verließen.

Der Wechsel von Darstellern besaß für jede Bühne aktuelle Bedeutung, ob es nun darum ging, bessere Künstler zu gewinnen oder schlechtere aus dem Engagement zu entlassen. Bei der Anwerbung vermochte das Lockmittel Geld manche Personalveränderung zu bewirken, doch konnten sich dessen meist nur die Hoftheater der reichsten Residenzen bedienen. Die Theaterleiter, die im Dienst weniger bemittelter Fürsten standen, mußten nach Wegen suchen, wie sie auf andere Art zu guten Kräften kamen. Der gangbarste, mit nicht allzu großem finanziellem Aufwand verbundene bestand darin, im eigenen Land Künstler für das Theater heranzubilden. Verständlicherweise fanden solche Formen, wie sie das Mannheimer oder das Stuttgarter Hoftheater in den siebziger Jahren erprobten, bei den Landesherren reges Interesse. Theodor Marchand, 1777 Direktor des ›Churfürstlichen Hof- und Nationaltheaters‹ in Mannheim, wurde von seinem Dienstherrn in die Pflicht genommen, wöchentlich zweimal für die eigenen Schauspieler Vorträge zu halten, die sich mit grundsätzlichen Problemen der Schauspielkunst auseinandersetzten. Herzog Karl Eugen von Württemberg wiederum nutzte seine Karlsschule u.a. auch als Institut zur Erziehung von Schauspiel-Eleven. Vor Eintritt ihrer Kinder in diese Schule mußten die Eltern die Verpflichtung unterschreiben, daß jene nach Absolvierung ihrer Ausbildung lebenslang dem württembergischen Herzog dienen würden. Friedrich Schiller, der als Absolvent der medizinischen Fakultät der Karlsschule dem gleichen Zwang unterlag, entzog sich dieser Verpflichtung bekanntlich durch die Flucht. Auch für einen Schauspieler war dies die einzige Chance, an eine andere Bühne zu wechseln. Die nachteiligen Folgen einer solchen Personalpolitik fielen Goethe bei seinem Besuch in Stuttgart 1797 besonders auf. »... es ist gewissermaßen ein Unglück wenn das Personal einer besondern Bühne sich so lange nebeneinander erhält; ein gewisser Ton und Schlendrian pflanzt sich leicht fort, so wie man z.B. dem Stuttgarder Theater, an einer gewissen Steifheit und Trockenheit, seinen akademischen Ursprung leicht abmerken kann. Wird, wie gesagt, ein Theater nicht oft genug durch neue Subjecte angefrischt, so muß es allen Reiz verlieren. Singstimmen dauern nur eine gewisse Zeit, die Jugend, die zu gewissen Rollen erforderlich ist, geht vorüber, und so hat ein Publikum nur eine Art von kümmerlicher Freude, durch Gewohnheit und hergebrachte Nachsicht. Dies ist gegenwärtig der Fall in Stuttgard und wird es lange bleiben, weil eine wunderliche Constitution der Theateraufsicht jede Verbesserung sehr schwierig macht.«[62]

Das war für Goethe ein Grund mehr, eine besondere künstlerisch-stilistische Profilierung der Akteure zu betreiben, die nach seiner Ansicht jeder gute Theaterleiter für seine Bühne anstreben sollte. Seinem Freund Zelter schrieb er dazu am 29. Oktober 1815: »Brühl hat uns Wolffs weggenommen, welches kein gutes Vorurtheil für seine Direction erregt. Es ist zwar nichts dagegen zu sagen wenn man gebildete Künstler sich zuzueignen sucht, aber besser und vortheilhafter ist es, sie selbst bilden. Wär ich so jung wie Brühl, so sollte mir kein Huhn auf's Theater, das ich nicht selbst ausgebrütet hätte.«[63]

Goethe sah in der kontinuierlichen Ausbildung des Nachwuchses nach einer Stilrichtung und in seiner Festlegung auf eine einheitliche, konzeptionell vorgegebene Spielweise den eigentlichen Gewinn einer Schauspielschule. Für ihn war die Formung der Darsteller allerdings nicht nur eine Frage der Aneignung von spezifischen sprachlichen, mimischen und gestischen Fähigkeiten für das Agieren auf der Bühne. Dies bezeichnete nur eine, wenn auch wichtige Seite seines erzieherischen Programms. Die zweite, nicht minder wichtige bestand für ihn in der Ausprägung menschlicher Qualitäten. Damit ein Schauspieler eine moralisch-sittliche Wirkung von der Bühne herab auf das Publikum ausüben konnte, mußte er nicht nur seine Rolle perfekt verkörpern, sondern in

Friedrich Schiller: Die Räuber
Ludwig Devrient als Franz Moor
2 Tuschzeichnungen von unbekannt, nach 1815
Goethe-Nationalmuseum Weimar

ihr auch als Mensch zur Ausstrahlung gelangen. Die entsprechende Erziehung der Schauspieler war jedoch nicht so leicht zu bewerkstelligen. Da ein angehender Darsteller bei seinem Debüt in der Regel lediglich sein Talent und seine Liebe zum Theater vorzuweisen hatte, benötigte er ein ausgeprägtes Selbstbewußtsein, um auf der Bühne gegen seine Konkurrenten zu bestehen. Bei vielen Schauspielerinnen und Schauspielern führte diese an sich positive Eigenschaft zu einer extrem ausgeprägten Künstlerindividualität, die das gesunde Maß oft allzuweit überstieg. Rivalitätskämpfe, Rollensucht, Künstlerallüren, verletzter Stolz, Beleidigungen waren an der Tagesordnung, und in vielen Fällen ließ sich eine Zwistigkeit nur durch obrigkeitliches Eingreifen schlichten. Nicht nur Goethe in Weimar, auch Dalberg in Mannheim, Iffland in Berlin, Schröder in Hamburg hatten sich immer wieder mit solchen Problemen des Schauspieleralltags auseinanderzusetzen, und wohl kaum eine deutsche Bühne dürfte davon frei gewesen sein. Schiller zog aus seinem Umgang mit den Weimarer Schauspielern in einem Brief an Goethe einmal folgenden, einer momentanen Verärgerung entsprungenen Schluß: »Ich will mit dem Schauspielervolk nichts mehr zu schaffen haben, denn durch Vernunft und Gefälligkeit ist nichts auszurichten, es giebt nur ein einziges Verhältniß zu ihnen, den kurzen Imperativ, den ich nicht auszuüben habe.«[64]

Bei den niedrigen Gagen an Weimars kleinem Residenztheater kam im Grunde nur die Heranbildung von Darstellern an der eigenen Bühne in Frage, denn die Spitzenkräfte zog es naturgemäß an zahlungskräftigere Höfe wie Wien und Berlin. Die höchste Gage in Weimar erhielt Karoline Jagemann: anfangs 600 Taler Jahresgehalt zuzüglich 400 Taler Garderobegeld, da sie »in Ermangelung einer ersten tragischen Schauspielerin deren Fach gleichfalls spiele und eines nicht unbedeutenden Kleideraufwandes benötige«[65]. Der durchschnittliche Wochenverdienst eines Schauspielers in Weimar betrug 9–10 Taler. In Berlin dagegen entlohnte man z.B. den renommierten Schauspieler Fleck mit 1560 Talern jährlich, und die Allesspielerin Friederike Bethmann-Unzelmann brachte es auf 2000 Taler. Vergleicht man die Gagen, die Mitte des 18. Jahrhunderts üblich waren, mit denen gegen Ende des Jahrhunderts, so ist eine steigende Tendenz zu beobachten. Das hängt u.a. damit zusammen, daß das Ansehen des Berufsstandes Schauspieler innerhalb weniger Jahrzehnte deutlich gestiegen war.

Bemühungen, das Ansehen der Schauspieler und ihrer Kunst zu heben, gab es schon unter den bedeutendsten Theatermännern der ersten Hälfte des 18. Jahrhunderts. Einer von ihnen war Koch, der nach dem Zeugnis des Joseph Anton Christ in seiner Truppe auf Anstand und gute Sitte hielt und über die moralische Vorbildlichkeit der Schauspieler der Theaterkunst zu höherer Wertschätzung zu verhelfen suchte.[66]

Ein ähnliches Anliegen verfolgte Konrad Ekhof. Die Protokolle seiner Schauspieler-Akademie weisen ihn als einen Mann mit hohen ethischen Grundsätzen aus, ging es ihm doch auch darum, den Bühnenkünstlern ihre »Pflichten gegen Gott und die Welt« nahezubringen. Er hielt es für unumgänglich notwendig, daß ein Schauspieler vor anderen in seinem Leben »ein ehrbares, gesetztes und vernünftiges Wesen« zeige, um die Vorurteile zu beseitigen, die diesem Stand so häufig entgegengebracht würden.[67] Gedanken machte sich Ekhof auch um die Einführung einer Altersversorgung für Schauspieler, wie er Schröder in einem Brief vom März 1778, kurz vor seinem Tode, auseinandersetzte.

Auch Dalberg lag das soziale und gesellschaftliche Ansehen seiner Schauspieler am Herzen. Die regelmäßigen Sitzungen des Mannheimer Theaterausschusses beförderten ein vertieftes Berufsverständnis, was mit Dalbergs Bemühungen um die Hebung der Schauspielkunst eng zusammenhing. Am Mannheimer Nationaltheater wurde 1790 auf sein Betreiben hin die Indienstnahme der Schauspieler auf Lebenszeit eingeführt, was ihnen im Alter die Hälfte ihrer Gage sicherte.

In ähnlicher Weise sorgte auch Goethe für die Mitglieder seines Theaters: Weiterzahlung der Gage im Krankheitsfalle wie generell erhöhte Gagen und Pensionen zählten zu den wesentlichsten, sofort spürbaren Verbesserungen unter seiner Direktion. Auch in bezug auf die gesellschaftliche Integration der Bühnenmitglieder ging er mit gutem Beispiel voran. »Aber ich suchte auch den ganzen Stand in der äußern Achtung zu heben, indem ich die Besten und Hoffnungsvollsten in meine Kreise zog und dadurch der Welt zeigte, daß ich sie eines geselligen Verkehrs mit mir wert achtete. Hiedurch geschah aber, daß auch die übrige höhere weimarische Gesellschaft hinter mir nicht zurückblieb und daß Schauspieler und Schauspielerinnen in die besten Zirkel bald einen ehrenvollen Zutritt gewannen. Durch alles mußte für sie eine große innere und äußere Kultur hervorgehen. Meine Schüler Wolff in Berlin sowie unser Durand sind Leute von dem feinsten geselligen Takt. Herr Oels und Graff haben hinreichende höhere Bildung, um der besten Gesellschaft Ehre zu machen. [–] Schiller verfuhr in demselbigen Sinne wie ich. Er verkehrte mit Schauspielern und Schauspielerinnen sehr viel. Er war gleich mir bei allen Proben gegenwärtig, und nach jeder gelungenen Vorstellung von einem seiner Stücke pflegte er sie zu sich einzuladen und sich mit ihnen einen guten Tag zu machen.«[68]

Gotthardi berichtet in diesem Zusammenhang, daß Schiller während der Uraufführung von ›Wallensteins Tod‹ am 20. April 1799 nach dem III. Akt mit einigen Flaschen Champagner unter dem Mantel auf die Bühne geeilt sei, um mit den Schauspielern und Schauspielerinnen auf ihre gelungene Darbietung anzustoßen.[69]

Goethe achtete auch darauf, daß die Leistungskraft der Akteure nicht über Gebühr beansprucht wurde. Hatte ihnen Bellomo noch jede Woche eine neue Komödie, jede zweite Woche ein neues musikdramatisches Stück abverlangt, so sah Goethe auf eine effektive Spielplangestaltung und einen wohlbedachten Kräfteeinsatz. Das begann bei einer klugen Stückeauswahl, um nicht Kraft in eine Inszenierung zu investieren, die dann keinen Erfolg brachte. Je mehr Resonanz ein Stück beim Publikum fand, um so öfter konnte es gespielt werden und desto weniger Neues brauchte einstudiert zu werden. Doch auch in Weimar erlebten manche Inszenierungen nur eine einzige Vorstellung. Genannt seien Kotzebues ›Blinde Liebe‹ und die Plautus-Bearbeitung ›Das Gespenst‹ durch Vulpius (beide 1807) sowie das Singspiel von Destouches ›Das Mißverständnis‹ (1805). Die sorgfältigste Auswahl und alle Mühen bei der Einstudierung eines Stückes waren nichts wert, wenn es beim Publikum nicht ankam. Ein Theaterdirektor benötigte deshalb einige psychologische Kenntnis, um die Mentalität seines Publikums einigermaßen einschätzen und seinen Spielplan darauf ausrichten zu können. Goethes strategischer Ausgangspunkt war dabei der, daß man dem Publikum keine größere Achtung entgegenbringen könne, »als indem man es nicht wie Pöbel behandelt«[70]. Man »müßte vor allen Dingen darauf ausgehen, die Denkweise des Publicums … zur Vielseitigkeit zu bilden«. »Diese besteht hauptsächlich darin, daß der Zuschauer einsehen lerne, nicht eben jedes Stück sei wie ein Rock anzusehen, der dem Zuschauer völlig nach seinen gegenwärtigen Bedürfnissen auf den Leib gepaßt werden müsse. Man sollte nicht gerade immer sich und sein nächstes Geistes-, Herzens- und Sinnesbedürfniß auf dem Theater zu befriedigen gedenken; man könnte sich vielmehr öfters wie einen Reisenden betrachten, der in fremden Orten und Gegenden, die er zu seiner Belehrung und Ergötzung besucht, nicht alle Bequemlichkeit findet, die er zu Hause seiner Individualität anzupassen Gelegenheit hatte.«[71] Auch Schiller hatte derartige Überlegungen angestellt, als er 1782 die gegenwärtige Lage der deutschen Theater analysierte, war damals jedoch zu dem Schluß gekommen: »Bevor das Publikum für seine Bühne gebildet ist, dürfte wohl schwerlich die Bühne ihr Publikum bilden.«[72]

Das weimarische Publikum charakterisierte Goethe folgendermaßen: »Der Pöbel drängt sich unvorbereitet zum Schauspielhause, er verlangt, was ihm unmittelbar genießbar ist, er will schauen, staunen, lachen, weinen und nöthigt daher die Directionen, welche von ihm abhängen, sich mehr oder weniger zu ihm herabzulassen und von einer Seite das Theater zu überspannen, von der andern aufzulösen. Wir haben das Glück, von unsern Zuschauern, besonders wenn wir den Jenaischen Theil, wie billig, mitrechnen, voraussetzen zu dürfen, daß sie mehr als ihr Legegeld mitbringen und daß diejenigen, denen bei der ersten sorgfältigen Aufführung bedeutender Stücke noch etwas dunkel, ja ungenießbar bliebe, geneigt sind, sich von der zweiten besser unterrichten und in die Absicht einführen zu lassen. Bloß dadurch, daß unsere Lage erlaubt, Aufführungen zu geben, woran nur ein erwähltes Publicum Geschmack finden kann, sehen wir uns in den Stand gesetzt, auf solche Darstellungen loszuarbeiten, welche allgemeiner gefallen.«[73]

In Bad Lauchstädt wiederum gab es »ein neues Publicum, aus Fremden, aus dem gebildeten Theil der Nachbarschaft, den kenntnißreichen Gliedern einer nächst gelegenen Akademie [der Halleschen Universität – U. M.-H.], und leidenschaftlich fordernden Jünglingen zusammengesetzt«[74].

Über die Theaterbesucher in seiner Heimatstadt Frankfurt urteilte Goethe wesentlich kritischer. Am 9. August 1797 schrieb er an Schiller: »Sehr merkwürdig ist mir aufgefallen wie es eigentlich mit dem Publico einer großen Stadt beschaffen ist. Es lebt in einem beständigen Taumel von Erwerben und Verzehren, und das was wir Stimmung nennen, läßt sich weder hervorbringen noch mittheilen, alle Vergnügungen, selbst das Theater, sollen nur zerstreuen … «[75]

Goethe ging zu Beginn seiner Direktion äußerst behutsam zu Werke. Er sorgte dafür, daß sich Schauspieler und Publikum zunächst auf den gewohnten Pfaden des Bellomoschen Repertoires weiterbewegten. Erst nach und nach führte er sie auf Neuland, nahm er anspruchsvollere Stücke in den Spielplan hinein, die das Publikum zu geistiger Anstrengung herausforderten und es soweit bildeten, daß es später zur Aufnahme der klassischen Bühnenwerke Schillers in der Lage war. Zwischen 1795 und 1805 hatte das weimarische Theater sein bestes Repertoire aufzuweisen. Johann Daniel Falk veranlaßte dies 1803 zu der recht euphorischen Einschätzung: »Welch eine Höhe des Geschmacks, wozu sich ein Publikum heraufarbeitet … «; dabei ging er davon aus, daß dieses Publikum früher noch entschiedenen Geschmack an »Ritter- und Familienstücken und leerem Opernklingklang« gefunden habe.[76] Die Spielpläne der folgenden Jahre bezeugen zwar, daß man in Weimar auch weiterhin Ritter- und Familienstücke sowie »Opernklingklang« auf die Bühne brachte, aber in bezug auf die klassische Dramatik dürfte Falks Urteil wohl gerechtfertigt gewesen sein. Das weimarische Publikum konnte man zahlenmäßig überschauen. Ein durchschnittlich volles Haus war mit ca. 400 Zuschauern besetzt,[77] und der kunstsinnige Teil darunter zeigte ehrliches Bemühen, sich in die Kunstwelt Goethes und Schillers hineinzufinden. Die triumphalen Uraufführungen von Schillers ›Wallenstein‹, ›Maria Stuart‹, ›Braut von Messina‹ und ›Wilhelm Tell‹ vor dem weimarischen Stammpublikum zeigten dessen gewachsenes Urteilsvermögen. Nur am Rande sei vermerkt, daß die Theaterleitung eine zu heftige Begeisterung nicht für statthaft hielt. So wurde Dr. Karl Schütz von der Jenenser Universität ein aktenkundiger Verweis erteilt, weil er nach einer Aufführung der ›Braut von Messina‹ 1803 einen unschicklichen Vivatruf ausgestoßen hatte.[78]

Der Verleger Johann Friedrich Gottlieb Unger schrieb am 22. Juni 1799 aus Berlin an Schiller: »Als Wallensteins Tod zum erstenmal gegeben werden sollte, wurden den Tag vorher die Piccolomini aufgeführt. Das Schauspielhaus war gedrängtvoll, so wie es immer in den vorhergehenden Vorstellungen der Fall war; und in Wallensteins Tod waren fast eben dieselben Zuschauer des vorigen Tages. Die Vorstellungen selbst machten große Wirkung auf das Publikum, welches nicht aus den gewöhnlichen alltäglichen Komödiengehern bestand. Es war der feinere Teil Berlins, und es waren gewiß ein paar sehr schöne Tage, sowohl für die Schauspieler als Zuhöhrer. So allgemeine Stille, solche große Aufmerksamkeit erblikt man gewiß selten, wo oft Stellen des großen Dichters mit dem lautesten Beifall aufgenommen wurden. Iffland hatte auch für einige ganz vortrefliche Dekorationen gesorgt, hatte alle Schauspieler sehr viele Proben machen laßen, und sich ausserordentliche Mühe gegeben, dies herrliche Werk so vollkommen als möglich darzustellen.«[79]

Für die »gewöhnlichen alltäglichen Komödiengeher« in Berlin allerdings traf gewiß das Urteil zu, das 1783 Dalberg über das Mannheimer Publikum abgab. Er kritisierte es wegen seiner Vorliebe für die »feine Politur« sowie wegen der Sentimentalität, die die Theaterkonfektion täglich aufs neue anstachelte, und riet ihm dringlich, statt dessen lieber auf »einfache wahre Darstellung der Natur« auszugehen. Aber auch er konnte sein Theater nicht ohne dramatische Hausmannskost aufrechterhalten. Iffland mißfiel das Mannheimer Publikum nicht weniger, in einem Brief an Dalberg ging er 1784 hart mit ihm ins Gericht: »Es ist ein unleugbarer Satz, daß aller Enthusiasmus der Mannheimer Strohfeuer ist. Und doch unterscheide ich – die Volksklasse ist durchaus die bessere. Zum Volk zähle ich jeden, der durch Simplizität seiner Äußerungen sich ankündigt. Das Militär kommt und kam bei mir ohnehin nie in Betracht. Freilich sollten Stabsoffiziere sich im Betragen von Fahnenjunkern unterscheiden – indes, das bin ich gewohnt. Aber was mich über mein Urteil berichtigte, waren die Logen. Die Mittelgattung – ich will sie distinguierte Gattung nennen – betrug sich kläglich – Stolz, Kälte, Dünkel, Vorurteil und Dummheit ist die Farbe dieser Klasse, die durchaus hier stärker besetzt ist als anderswo. Und von dieser ist in Sachen des Geschmacks und des Herzens nie etwas zu hoffen. Was ich hier sage, ist Resultat fünfjähriger mühsamer Betrachtung.«[80] Man kann dieses Urteil durchaus als allgemeingültig betrachten, denn das Mannheimer Publikum unterschied sich im wesentlichen nicht von dem anderer Städte.

Zu den Weimarer Theaterbesuchern zählten wie in jeder Residenz die fürstliche Familie und ihr Hofstaat, der städtische Adel – in Weimar ca. 45 Familien –, die Militärs der Garnison, die bürgerliche, mehr oder weniger vom Hof abhängige Intelligenz, der bürgerliche Mittelstand sowie Lehrer und Studenten der benachbarten Jenaer Universität. Auch den unteren Bevölkerungsschichten war der Besuch des Theaters erlaubt.

In den Freien Reichsstädten wie z.B. Frankfurt, Leipzig, Breslau, Hamburg und Riga, die ein Stadttheater betrieben, das von einer Schauspieltruppe regelmäßig bespielt wurde, war die Publikumsstruktur etwas anders. An die Stelle des Hofes trat hier der städtische Adel, und in weit größerem Maße war das gehobene Bürgertum – reiche Kaufleute, Unternehmer, Manufakturbesitzer u. dgl. – vertreten, dazu kleinbürgerliche Kreise, die bürgerliche Intelligenz und Angehörige unterer Gesellschaftsschichten.

Um das Niveau an den Theatern zu heben, war es notwendig, nicht nur die Schauspieler, sondern auch das Publikum zu erziehen (vgl. die oben zitierte Bemerkung Schillers). Einer der ersten, der in dieser Richtung wirkte, war F.L.Schröder. Ihm gelang es 1777, vor dem hansestädtischen Hamburger Publikum Shakespeares Dramen durchzusetzen, wenn auch in Rücksicht auf die dort vorhandenen Widerstände unter abschwächender Bearbeitung der ›schlimmsten‹ Stellen im origina-

Friedrich Schiller: Wilhelm Tell Bewegungsstudien von der ersten Aufführung, Weimar 1804
Feder, Tinte, laviert, Bleistiftvorzeichnung von Johann Heinrich Meyer
Kunstsammlungen zu Weimar

len Text. Trotz Murren des Publikums setzte er z.B. für ›Heinrich IV.‹ Wiederholungen an und begründete dies folgendermaßen: »In der Hoffnung, daß dieses Meisterwerk Shakespeares, welches Sitten schildert, die von den unsrigen abweichen, immer besser wird verstanden werden, wird es morgen wiederholt.«[81]

Bei der Zusammensetzung des Publikums der höfischen Theater war die Aufnahme von Stücken mit bürgerlicher Thematik in den Spielplan nicht ohne Risiko. Eva König sandte 1772 ihrem Bräutigam Lessing aus Wien einen deprimierenden Bericht über die Aufführung von ›Emilia Galotti‹: »Ihr neues Stück ist vorige Woche drey Tage nach einander aufgeführt worden, und zwar mit außerordentlichem und allgemeinem Beyfall. Der Kaiser hat es zweymal gesehen, und es gegen G[ebler] sehr gelobt. Das muß ich aber auch gestehen, hat er gesagt, daß ich in meinem Leben in keiner Tragödie so viel gelacht habe. Und ich kann sagen: daß ich in meinem Leben in keiner Tragödie so viel habe lachen hören; zuweilen bey Stellen, wo, meiner Meinung nach, eher hätte sollen geweinet, als gelacht werden …«[82]

Bis der Schauspielerberuf bei allen Schichten des Publikums als gesellschaftswürdig akzeptiert wurde, vergingen noch viele Jahrzehnte. Eine gewisse offizielle Anerkennung erfuhren die Bühnendarsteller zuerst durch die Fürstenhöfe. Weimar zeigte sich diesbezüglich dank Goethes Einfluß fortschrittlich, doch handelte es sich hier wie in anderen Fällen wohl mehr um eine gnädige Geste denn um eine tatsächliche Integration in die höfische Gesellschaft.

Wenn das ausgehende 18. Jahrhundert insgesamt auch ein höheres Niveau der Theater aufweist, so blieb die traditionelle Funktion des Hoftheaters als höfisches Repräsentationszentrum doch in gewissem Grade bestehen. Für das aristokratische Publikum war der Besuch des Theaters in allererster Linie ein gesellschaftliches Ereignis. Hier konnte man sehen und gesehen werden, konnte Kontakte knüpfen oder Verbindungen festigen, konnte heiratsfähige Töchter vorführen oder heiratswillige Söhne vermitteln. Ähnliches hatte schon Lessing im 80. Stück seiner ›Hamburgischen Dramaturgie‹ beklagt: »Wie gleichgültig, wie kalt ist … unser Volk für das Theater! … Wir gehen, fast alle, fast immer, aus Neugierde, aus Mode, aus Langerweile, aus Gesellschaft, aus Begierde zu begaffen und begaft zu werden, ins Theater: und nur wenige, und diese wenige nur sparsam, aus anderer Absicht.«[83]

Wurde die künstlerische Anstrengung der Akteure und Aktricen auch oft noch geringgeschätzt, waren die Höfe doch insgesamt an einem leistungsfähigen Theater interessiert, und zwar in nicht geringem Maße aus Gründen der Reputation. Die Hoftheater des 18. Jahrhunderts hatten u. a. die Funktion, das kulturelle Vermögen des jeweiligen Staates zu repräsentieren. Im deutschen Vielstaatengebilde hatte das besonderen Wert, konnte doch ein ansonsten unbedeutender Territorialfürst durch ein Theater mit hohem künstlerischem Potential allgemeines Ansehen gewinnen und damit aus der Anonymität der übrigen deutschen Kleinstaaten heraustreten. Nicht selten ließ sich ein auf diese Art erworbenes Prestige in politisches Kapital ummünzen, und deshalb scheuten viele deutsche Höfe nicht die erforderlichen Investitionen. Für Weimar und einige andere Höfe stand allerdings die kulturelle Entwicklung des Landes im allgemeinen und die der deutschen Schauspielkunst im besonderen im Vordergrund.

Die Gründung von Hoftheatern in Weimar und anderen Städten brachte eine nicht unwesentliche Neuerung mit sich: von nun an wurde vor zahlendem Publikum gespielt. Die einstigen Hofopern hatten ihre sämtlichen Mittel aus der fürstlichen Schatulle erhalten, ebenso die kleineren Theater und die Liebhaberbühnen, darunter auch die Weimarer. Mit der Öffnung für alle Theaterinteressierten mußte das höfische Theater zwar seine Exklusivität aufgeben, dafür entlasteten die Eintrittsgelder den fürstlichen Haushalt, aus dem nun nur noch relativ geringe Subventionsgelder zu fließen brauchten.

Das Mannheimer Nationaltheater erhielt von Kurfürst Karl Theodor ca. 2800 Taler jährlich, den zehnten Teil der Summe, die zuvor der Unterhalt der Hofoper gekostet hatte. Der preußische König zahlte für sein neues ›Hof- und Nationaltheater‹ lediglich 6000 Taler. Dagegen hatte allein die Eröffnungsvorstellung des Opernhauses Unter den Linden zu Zeiten Friedrichs II. (1742) – gegeben wurde die Oper ›Cleopatra e Cesare‹ von Karl Heinrich Graun – mehr als 200 000 Taler gekostet. Die Schauspielergesellschaft des Joseph Bellomo, die von 1784 bis 1791 für

Weimar verpflichtet war, empfing jedes Jahr für die Zeit zwischen Oktober und März monatlich 320 Taler aus den Schatullen der Herzoginmutter Anna Amalia, des Herzogs Karl August und der Herzogin Luise. Die übrige Zeit gastierte die Truppe auswärts, meist in Lauchstädt. Das von Goethe geleitete Hoftheater wurde jährlich mit 7000 Talern aus der Staatskasse unterstützt.

Nicht nur der Schauspielernachwuchs, von dem oben die Rede war, auch die fest im Engagement stehenden Künstler bedurften der Erziehung und Weiterbildung. Von Anbeginn seiner Tätigkeit als Bühnenleiter hat Goethe in diesem Sinne gearbeitet. Knapp zwei Jahre nach Übernahme der Theaterleitung legte er die ersten Theatergesetze vor: in 17 Punkten waren die wichtigsten Regeln für das Verhalten während der Proben und Vorstellungen sowie im alltäglichen Umgang miteinander festgehalten. Vor allem aber ging es Goethe um die genaue Einhaltung des täglichen Zeitplans, weil anders das vorgesehene Pensum nicht zu bewältigen war. Auch Dalberg sah sich mit ähnlichen Problemen konfrontiert. Seine Gesetze für das ›Churfürstliche Nationaltheater in Mannheim‹ vom 27. März 1797, die in gedruckter Form unter den Bühnenmitgliedern zirkulierten, wurden in Weimar mit Interesse gelesen.[84] Goethes unentbehrlicher Mitarbeiter in Finanz- und Verwaltungsfragen, Hofkammerrat Franz Kirms, erhielt den Auftrag, daraus Anregungen für die Präzisierung der ersten Weimarer Theatergesetze von 1793 zu gewinnen. Im Juni 1797 lag dann eine neue, von Kirms ausgearbeitete Verordnung vor, die sich in den wichtigsten Passagen mit den Mannheimer Gesetzen deckte.[85] Daß die Disziplinierung der Schauspieler ein langwieriger Prozeß war, erhellt die Tatsache, daß über die gesamte Zeit der Goetheschen Direktion immer wieder neue, präzisierte, ergänzte, erweiterte Theatergesetze erlassen wurden, so z.B. 1804, 1808 und 1812. Auch Einzelinstruktionen für das Theaterpersonal, z.B. für den Garderobier (1794), die Billetteure für den 1. und den 2. Platz (beide 1795), für die Galerie (1799) und für den Balkon (1808), sah Goethe für das Funktionieren des Theaters als erforderlich an.[86]

Die oft extrem ausgeprägten Eigenarten einiger Künstler führten manchen Theaterdirektor an den Rand der Verzweiflung. Der Schauspieler war auf der Bühne die wichtigste Person, das wußten die Darsteller so gut wie ihr Direktor. Deshalb nahm sich mancher Star Rechte heraus, die man gelegentlich sogar dulden mußte, wollte man nicht den Theaterabend riskieren.

Johann Friedrich Reinecke, Schauspieler bei Bondini, sollte den Fiesko in der Leipziger Erstaufführung von Schillers ›Verschwörung des Fiesko zu Genua‹, die 1783 in Bonn uraufgeführt worden war, spielen. Er weigerte sich jedoch, diese Rolle in der Schlußfassung der Druckausgabe zu geben, weil er die Sterbeszene für sich sehr unvorteilhaft fand. Ob Reinecke sich durchsetzen konnte und das Stück in Leipzig mit verändertem Schluß gespielt wurde wie 1784 in Mannheim (dort blieb Fiesko am Leben), ist bis heute nicht sicher geklärt. Auch Goethe konnte von derlei Vorfällen an seinem Theater ein Lied singen. Eine Begebenheit ist bei Eckermann festgehalten, zu dem Goethe gesagt haben soll: »Ich hatte einmal einen ähnlichen Fall mit dem Schauspieler Becker …, der sich weigerte, einen Reiter im ›Wallenstein‹ zu spielen. Ich ließ ihm aber sagen, wenn er die Rolle nicht spielen wolle, so würde ich sie selber spielen. Das wirkte. Denn sie kannten mich beim Theater und wußten, daß ich in solchen Dingen keinen Spaß verstand, und daß ich verrückt genug war, mein Wort zu halten und das Tollste zu tun.«[87]

Rivalität und Neid unter den Darstellern führten gelegentlich in die Nähe tätlicher Auseinandersetzungen. Zwischen Karoline Jagemann und Amalie Malcolmi-Wolff hatte sich ein angespanntes, von Konkurrenzgefühlen beherrschtes Verhältnis entwickelt, das sich fast auf diese Weise entladen hätte. Beim Leipziger Gastspiel des weimarischen Hoftheaters wurde am 7. Juni 1807 die Oper ›Camilla‹ von F. Paër mit größtem Erfolg aufgeführt. Einen Tag später schrieb die Jagemann an ihren Geliebten Karl August nach Weimar: »Madame Wolff ist über den Beifall, den ich hier habe, so erzürnt, daß sie erklärt hat, sie wolle mir bei nächster Gelegenheit das Nasenbein mit einem Stück Holz entzweischmeißen. Es wäre doch schade um mein schönes Profil, auf das ich für meine alten Tage meine ganze Hoffnung gesetzt habe.«[88]

Abgesehen von solcherlei Starallüren waren die Sünden der Schauspieler und Schauspielerinnen eher von der läßlichen Art. Der Verwaltungsrevisor Haub vom Mannheimer Nationaltheater sollte den Requisitenzettel für die Aufführung des ›Don Giovanni‹ unterschreiben, auf dem u.a. die Ausgabe von 2 Gulden 42 Kreuzern für eine Flasche Champagner vermerkt war. Sein Kommentar auf gut Mannheimisch lautete: »Ja, des haw ich mer eingebild, wanns heeßt Champagner, do muß es echter sein, wanns aber heeßt Gift, so wolle se Zuckerwasser.«[89]

Während dem Darsteller am Theater der ihm gebührende Platz eingeräumt wurde, sah man den Bühnenautor lange Zeit eher als nebensächlich an: ihm schenkte man die geringste Beachtung, und es ist schon als eine beachtliche Errungenschaft der siebziger Jahre zu betrachten, daß die ersten Namen von Autoren auf den Theaterzetteln verzeichnet wurden. Auf dem Berliner Theaterzettel zur Aufführung von Goethes ›Götz von Berlichingen‹ war zu lesen: ›Von D. Göde‹, allerdings erst bei einer Wiederholungsaufführung, der Zettel zur Uraufführung gab keine Auskunft über den Autor. Einige Jahre darauf wurde die Nennung des geistigen Urhebers zur allgemeinen Norm.

Viele Theaterdirektoren vertraten die Auffassung, daß allein die Ehre, aufgeführt zu werden, den Autor hinreichend für seine Arbeit entschädige. Für Goethe gehörte es zu den Selbstverständlichkeiten, Honorare an seine Dramenautoren zu zahlen. Die Höhen der Summen legte er in Abhängigkeit von der Qualität der Stücke nach eigenen Maßstäben fest. Schillers

Johann Wolfgang Goethe: Des Epimenides Erwachen Dekorationsskizze
Feder, Bleistift, braune und rote Tinte von Johann Wolfgang Goethe, 1814
Goethe- und Schiller-Archiv Weimar

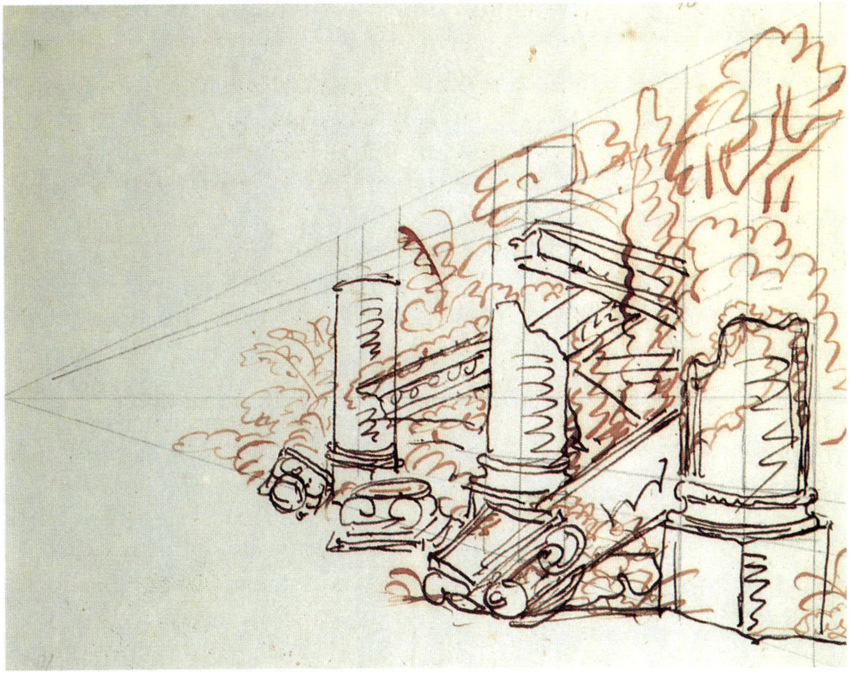

›Don Carlos‹ oder seinen ›Götz‹ stufte er mit 100 Talern ein, das höchste Honorar, 165 Taler, zahlte er für Schillers ›Wilhelm Tell‹. Jedes Stück von Kotzebue – sie waren für Goethe offenbar in der Qualität alle gleich – veranschlagte er pauschal mit 1 Carolin, das entsprach 6 Talern. Iffland, der als Direktor des Berliner Theaters freilich wesentlich mehr Geld zur Verfügung hatte, honorierte dagegen Kotzebue für sein Erfolgsstück ›Wirrwarr‹ mit 165 Talern. Der Autor Iffland erhielt von Goethe für ›Der Hausfrieden‹ und ›Das Gewissen‹ insgesamt 40 Taler.

Koch zahlte für jedes neu geschriebene oder bearbeitete Stück 50 Taler. Schröder bot nach dem Wiener Beispiel ab 1775 für jedes Schauspiel 20 Louisdor, das entsprach etwa 110 Talern, für jede Übersetzung 6 Louisdor. Auch Berlin hielt sich an den Richtwert von 20 bis 30 Louisdor pro Stück. Einen verbindlichen Modus für Zahlungen an Bühnenschriftsteller oder gar Tantiemen gab es damals nicht, so daß diese auf keine fixen Einnahmen rechnen konnten. Lange Zeit lag es ganz im Ermessen des Theaterdirektors, welchen Preis er für ein angebotenes Dramenmanuskript zahlte. Dies begann sich erst in den weiteren Jahrzehnten des 19. Jahrhunderts langsam zu ändern. In Berlin war es Ernst Raupach, dem das Hoftheater erstmalig folgende Pauschale bewilligte: für jeden Akt eines Schauspiels in Prosa 40, in Versen 60 Taler. Für ein fünfaktiges Drama konnte er mit 200 bis 300 Talern fester Einnahmen rechnen.

Goethes Schwager Christian August Vulpius hat für die Weimarer Bühne mehrere Dutzend Stücke verfaßt oder bearbeitet und damit reichlich zur Befriedigung der durchschnittlichen Publikumsansprüche beigetragen. Goethe entlohnte ihn beispielsweise für die Bearbeitung dreier Opern und zweier eigener Lustspiele mit insgesamt 65 Talern.

Entsprechend den finanziellen Möglichkeiten der Theater fielen die Honorare für die Autoren sehr unterschiedlich aus. So erhielt Schiller z.B. für die ›Jungfrau von Orleans‹ von F. Seconda in Dresden 50 Taler, von Iffland 107 Taler und 16 Groschen. Noch zehn Taler mehr bezahlte letzterer an Schiller für ›Maria Stuart‹, während Seconda für dieses Stück nur 60 Taler aufbrachte.

Ganz im Ermessen des Theaterleiters lag es, ob er sich unter der Hand ein Manuskript besorgte und dann dem Autor natürlich nichts zahlte oder ob er einen Dramentext von dessen Urheber erwarb. Für die Autoren stellte sich die Lage prinzipiell so dar: Erschien ein Schauspiel im Druck, so empfing der Verfasser dafür vom Verleger eine einmalige Zahlung, während alle aus der Publikation erzielten Gewinne in die Tasche des Verlegers flossen. Der Erwerb des gedruckten Buches gab jeder Bühne die Möglichkeit und das Recht, das Stück beliebig oft aufzuführen. Fand sich kein Verleger und nahm es der Autor auf sich, den Druck selbst zu finanzieren (wie Goethe mit seinem ›Götz von Berlichingen‹ und Schiller mit seinen ›Räubern‹), so standen ihm nichts als Kosten zu Buche. Deshalb zeigten die Dramatiker keinen sonderlichen Eifer, gedruckt zu werden, sondern boten ihre Manuskripte verschiedenen Theatern an, um möglichst von jedem eine einmalige Bezahlung zu erhalten.

Befand sich ein Theater im Besitz eines Manuskriptes, so wurde es sorgsam gehütet, um illegale Abschriften, für die ein florierender Markt bestand, zu verhindern. Schiller hatte dahingehend seine Erfahrungen, weshalb er an Jakob Herzfeld, den Direktor des Hamburger Stadttheaters ab 1798, nachstehende Bitte richtete: »Aber Eines muss ich mir, für diesen und für alle künftigen Fälle auf das angelegentlichste von Ihnen erbitten und ich rechne dabei auf Ihre Verzeihung. Ich muß Sie dringend ersuchen, das Mscrpt in keine andern als die offiziellen Hände zu geben, ja selbst mit dem Rollenschreiber und Soufleur die strengste Vorsicht zu gebrauchen. Ein unangenehmer Vorfall der sich irgendwo mit meiner Braut von Meßina zugetragen, zwingt mich zu dieser Maaßregel. Ich bitte Sie inständigst auch zum Vortheil der intimsten Freunde keine Ausnahme davon zu machen, man hat die Zufälle nicht in seiner Gewalt. Für die, welche das Stück etwa zu lesen wünschen möchten, dienet zur Nachricht, daß es im October oder spätestens November gedruckt wird zu haben seyn.«[90]

Bühnenbildentwurf zu einem unbekannten Stück
Tuschlavierte Federzeichnung von Alfred Heideloff, undatiert
Goethe-Nationalmuseum Weimar
Erstveröffentlichung

In der Mehrzahl der Fälle wurde der Autor ganz oder teilweise um den Gewinn an seinem geistigen Produkt betrogen. Das Fehlen eines allgemeinverbindlichen Urheberrechts führte z.B. dazu, daß die großen wie die kleinen deutschen Bühnen sich an den tausendfachen Aufführungen von Mozarts oder Dittersdorfs Singspielen und Opern ohne Skrupel bereichern konnten, während die Komponisten völlig leer ausgingen.

Bis die Theaterautoren urheberrechtlichen Schutz und gesetzlichen Anspruch auf Tantiemen bekamen, vergingen noch Jahrzehnte. Die Regierungen in Wien und Berlin führten 1844 als erste eine Regelung über den Autorenanteil an jeder Aufführung der »ihnen untergebenen« Bühnen ein, Hamburg und München folgten.

Die Weimarer Bühne verdankt ihre theatergeschichtlich bedeutsamste Entwicklungsphase dem Wirken Goethes als Direktor. Die wichtigste Errungenschaft dieses Theaters liegt in der Herausbildung eines neuen Darstellungsstils, der nur in

Weimar möglich war. Goethes Bemühen um ein ›erzieherisches‹ Theater ist entscheidend durch Schiller vorangebracht worden. Durch die Aufführungen seiner zwischen 1798 und 1805 entstandenen klassischen Dramen erwarb sich das Weimarer Theater ein besonderes Ansehen. Mit den herkömmlichen schauspielerischen Darbietungsweisen waren diese Dramen nicht mehr angemessen umzusetzen. Erst das enge Zusammenwirken Goethes und Schillers führte zu jener einzigartigen, den Schillerschen Dramen adäquaten Verschmelzung von Inhalt und Form auf der Weimarer Bühne. Nachhaltige Wirkung auf die Weimarer Theaterpraxis hatte auch Goethes Bemühen, den sozialen Status des Schauspielers zu heben.

Nach Goethes Ausscheiden aus der Theaterdirektion 1817 sank das künstlerische Niveau des Sprechtheaters rasch ab. Bedingt durch das gemeinsame Betreiben des Sängers Johann Heinrich Stromeyer und der Karoline Jagemann gewann die Oper zunehmend an Gewicht. Spätere Versuche, die Weimarer Spielweise wieder aufzugreifen und fortzuführen, wie z.B. Karl Immermanns ›Mustervorstellungen‹ in Düsseldorf in den dreißiger Jahren des 19. Jahrhunderts oder die Münchener Gesamtgastspiele unter Franz Dingelstedt ab 1852, mußten unvollkommen bleiben.

»Auf Abbruch Februar 1907«
Das Weimarer Hoftheater nach dem Brand
Postkarte
Goethe-Nationalmuseum Weimar

Anmerkungen

1 Johann Peter Eckermann, Gespräche mit Goethe in den letzten Jahren seines Lebens. Hrsg. von Regine Otto. Berlin und Weimar 1987, S. 101.
2 Ebenda, S. 490 f.
3 Ebenda, S. 78 (Gespräch vom 25. Februar 1824).
4 Ruth Freydank, Theater in Berlin. Berlin 1988, S. 115.
5 Zitiert nach: Hans Knudsen, Deutsche Theatergeschichte. Stuttgart 1959, S. 183.
6 Vgl. Gisela Sichardt, Das Weimarer Liebhabertheater unter Goethes Leitung. Weimar 1957, S. 147.
7 Freydank, Theater in Berlin, S. 91.
8 Zelter an Goethe, 10. Juni 1815. In: Der Briefwechsel zwischen Goethe und Zelter in den Jahren 1796–1832. Hrsg. von Friedrich Wilhelm Riemer. Berlin 1833, S. 193.
9 Freydank, Theater in Berlin, S. 115.
10 Gotthold Ephraim Lessings sämtliche Schriften. Hrsg. von Karl Lachmann. Dritte aufs neue durchgesehene und vermehrte Auflage, besorgt durch Franz Muncker. Band 18, Stuttgart 1907, S. 245.
11 August Wilhelm Iffland, Fragmente über Menschendarstellung. 1. Sammlung, Gotha 1785, S. 16.
12 Goethes Werke. Hrsg. im Auftrage der Großherzogin Sophie von Sachsen. Weimar 1887–1919 (Weimarer Ausgabe). Abteilung I: Poetische Werke und Schriften; Abteilung II: Naturwissenschaftliche Schriften; Abteilung III: Tagebücher; Abteilung IV: Briefe (im folgenden: WA); das Zitat WA I 40, S. 73.
13 Goethe an Wolfgang Heribert Freiherrn von Dalberg, 2. März 1780; WA IV 4, S. 187.
14 W. G. Gotthardi, Weimarische Theaterbilder aus Goethes Zeit. Band 1, Jena und Leipzig 1865, S. 164.
15 Briefe von Goethes Mutter an ihren Sohn, Christiane und August von Goethe. Hrsg. von Bernhard Suphan. Weimar 1889 (Schriften der Goethe-Gesellschaft, Band 4), S. 28 f.
16 Ebenda, S. 45.
17 Ebenda, S. 51.
18 Eckermann, Gespräche mit Goethe in den letzten Jahren seines Lebens, S. 655.
19 Freydank, Theater in Berlin, S. 135.
20 Gerhard Wahnrau, Berlin, Stadt der Theater. Berlin 1957, S. 274.
21 Schillers Werke, Nationalausgabe. Weimar 1943 ff. (im folgenden: SNA); das Zitat SNA 28, S. 152.
22 Weimarisches Hoftheater. Februar 1802; WA I 40, S. 81 f.
23 Gespräch vom 27. März 1825. In: Eckermann, Gespräche mit Goethe in den letzten Jahren seines Lebens, S. 489 f.
24 Vgl. Anton Pichler, Chronik des Großherzog-

lichen Hof- und National-Theaters in Mannheim. Mannheim 1879, S. 46 f.
25 Zitiert nach: Hans Doerry, Das Rollenfach im deutschen Theaterbetrieb des 19. Jahrhunderts. Berlin 1926 (Schriften der Gesellschaft für Theatergeschichte, Band 35), S. 141.
26 WA IV 21, S. 251.
27 SNA 29, S. 159 f.
28 SNA 42, S. 319.
29 WA IV 9, S. 253.
30 30. Mai 1791; WA IV 9, S. 263 f.
31 Eduard Franz Genast, Aus dem Tagebuche eines alten Schauspielers. Band 1, Leipzig 1862, S. 89f.
32 Weimarisches Hoftheater; WA I 40, S. 74 f.
33 3. Juli 1800; SNA 30, S. 168.
34 24. Februar 1803; SNA 32, S. 15.
35 WA I 40, S. 74.
36 WA I 40, S. 145 f.
37 WA I 40, S. 147.
38 WA I 40, S. 153 f.
39 WA I 40, S. 156.
40 WA I 40, S. 157.
41 WA I 40, S. 163 f.
42 WA I 40, S. 168.
43 SNA 42, S. 296.
44 Gotthardi, Weimarische Theaterbilder aus Goethes Zeit, Band 1, S. 163.
45 7. (?) März 1803; SNA 32, S. 18.
46 SNA 29, S. 226.
47 29. [28.] April 1798; SNA 37/1, S. 282.
48 5. Mai 1798; SNA 37/1, S. 287.
49 Eduard Devrient, Geschichte der deutschen Schauspielkunst. Band 2, Berlin 1967, S. 18.
50 Briefe von Goethes Mutter an ihren Sohn ..., S. 136 f.
51 Der Briefwechsel zwischen Goethe und Zelter, S. 205.
52 April 1815; ebenda, S. 163.
53 Tagebuch, 30. August 1797; WA III 2, S. 111 f.
54 Edgar Groß, Johann Ferdinand Friedrich Fleck. Berlin 1914 (Schriften der Gesellschaft für Theatergeschichte, Band 22), S. 147.
55 Wien und Berlin in der Parallele. Cölln-Amsterdam 1808, S. 95 f.
56 Schiller an Goethe, 4. Mai 1798; SNA 29, S. 232.
57 Zitiert nach: Hans von Krosigk, Karl Graf von Brühl und seine Eltern. Berlin 1910, S. 331 f.
58 5. Mai 1816; Der Briefwechsel zwischen Goethe und Zelter, S. 266.
59 Tag- und Jahreshefte 1791; WA I 35, S. 17.
60 WA IV 12, S. 24 f.
61 Goethe zu Eckermann, 2. Mai 1824; Eckermann, Gespräche mit Goethe in den letzten Jahren seines Lebens, S. 101.
62 Goethe an Herzog Karl August, Beilage zum Brief vom 12. September 1797; WA IV 12, S. 292 f.
63 WA IV 26, S. 124 f.
64 28. April 1801; Schillers Briefe. Hrsg. von Fritz Jonas. Band 6, Stuttgart-Leipzig-Berlin-Wien 1892, S. 272 f.
65 Die Erinnerungen der Karoline Jagemann. Hrsg. von Eduard von Bamberg. Dresden 1926, S. 243.
66 Vgl. Schauspielerleben im 18. Jahrhundert. Erinnerungen des Joseph Anton Christ. Zum ersten Male veröffentlicht von Rudolf Schirmer. Ebenhausen-München und Leipzig 1912, S. 251.
67 Heinz Kindermann, Conrad Ekhofs Schauspieler-Akademie. Wien 1956, S. 105.
68 Goethe zu Eckermann, 22. März 1825; Eckermann, Gespräche mit Goethe in den letzten Jahren seines Lebens, S. 483 f.
69 Gotthardi, Weimarische Theaterbilder aus Goethes Zeit, Band 1, S. 69.
70 Weimarisches Hoftheater; WA I 40, S. 78.
71 WA I 40, S. 81 f.
72 SNA 20, S. 82.
73 WA I 40, S. 78 f.
74 WA I 35, S. 18.
75 WA IV 12, S. 217.
76 Johann Daniel Falk, Kleine Abhandlungen die Poesie und Kunst betreffend. Weimar 1803, S. 114 f.

77 Der Zuschauerraum faßte allerdings mehr als das Doppelte und nach dem Umbau von 1798 um 1000 Personen. Vgl. Alexander Weichberger, Goethe und das Komödienhaus in Weimar 1779–1825. Leipzig 1928.

78 Thüringisches Hauptstaatsarchiv Weimar, A 9552.

79 SNA 38/1, S. 110.

80 Zitiert nach: 175 Jahre Nationaltheater Mannheim. Dokumente zur Theatergeschichte. Zusammengestellt und erläutert von Dr. Herbert Stubenrauch, Wilhelm Herrmann und Dr. Claus Helmut Drese. Mannheim 1954, S. 27.

81 Zitiert nach: Die Sterne dürfet ihr verschwenden. Schauspielererinnerungen des 18. und 19. Jahrhunderts. Hrsg. von H. u. G. Albrecht. Berlin 1982, S. 23.

82 15. Juli 1772; Lessings sämtliche Schriften, Band 20, Stuttgart 1905, S. 187.

83 Lessings sämtliche Schriften, Band 10, Stuttgart 1894, S. 123.

84 Thüringisches Hauptstaatsarchiv Weimar, A 9549.

85 Thüringisches Hauptstaatsarchiv Weimar, A 9547.

86 Thüringisches Hauptstaatsarchiv Weimar, A 9548.

87 Gespräch vom 26. Februar 1824; Eckermann, Gespräche mit Goethe in den letzten Jahren seines Lebens, S. 81.

88 Die Erinnerungen der Karoline Jagemann, S. 328.

89 175 Jahre Nationaltheater Mannheim, S. 34.

90 2. April 1804; SNA 32, S. 120 f.

Literatur

Almanach fürs Theater. Hrsg. von August Wilhelm Iffland. Berlin 1807.
Leo Balet/E. Gerhard, Die Verbürgerlichung der deutschen Kunst, Literatur und Musik. Dresden 1979.
Eckhart Berckenhagen/Gretel Wagner, Bretter, die die Welt bedeuten. Katalog zur Ausstellung der Kunstbibliothek Berlin der Staatlichen Museen Preußischer Kulturbesitz 1978. Berlin 1978.
Heinrich Blümner, Geschichte des Theaters in Leipzig. Leipzig 1828.
Albert Emil Brachvogel, Geschichte des Königlichen Theaters zu Berlin. 2 Bände. Berlin 1877.
Der Briefwechsel zwischen Goethe und Zelter in den Jahren 1796–1832. 3 Bände. Hrsg. von Friedrich Wilhelm Riemer. Berlin 1834.
Der Briefwechsel zwischen Schiller und Goethe. Hrsg. von Siegfried Seidel. 3 Bände. Leipzig 1984.
C. A. H. Burkhardt, Dichter und Dichterhonorare im Weimarischen Hoftheater während Goethes Leitung. In: Vierteljahresschrift für Literaturgeschichte. Band 3, Weimar (1890), S. 152–156.
C. A. H. Burkhardt, Das Repertoire des Weimarischen Theaters unter Goethes Leitung 1791–1817. Hamburg und Leipzig 1891 (Theatergeschichtliche Forschungen, Band 1).
Joseph Anton Christ, Schauspielerleben im 18. Jahrhundert. Ebenhausen-München und Leipzig 1912.
Hans-Dietrich Dahnke, Zur weltanschaulich-ästhetischen Konzeption von Goethe und Schiller. In: Weimarer Beiträge, Heft 8/1970, S. 10–50.
Deutsche Theaterausstellung. Amtlicher Katalog. Magdeburg 1927.
Eduard Devrient, Geschichte der deutschen Schauspielkunst. 2 Bände. Berlin 1905.
Bernhard Diebold, Das Rollenfach im deutschen Theaterbetrieb des 18. Jahrhunderts. Leipzig-Hamburg 1913.
Hans Doerry, Das Rollenfach im deutschen Theaterbetrieb des 19. Jahrhunderts. Berlin 1926 (Schriften der Gesellschaft für Theatergeschichte, Band 35).
Johann Peter Eckermann, Gespräche mit Goethe in den letzten Jahren seines Lebens. Hrsg. von Regine Otto. Berlin und Weimar 1987.
Die Erinnerungen der Karoline Jagemann. Hrsg. von Eduard von Bamberg. Dresden 1926.
Willi Flemming, Goethe und das Theater seiner Zeit. Stuttgart-Berlin-Köln-Mainz 1968.
Ruth Freydank, Theater in Berlin. Berlin 1988.
Friedrich Schiller. Ausstellung zum 225. Geburtstag des Dichters der deutschen Klassik. Katalog der Ausstellung der Nationalen Forschungs- und Gedenkstätten der klassischen

deutschen Literatur in Weimar in der Österreichischen Nationalbibliothek Wien. Braunschweig 1984.
Eduard Franz Genast, Aus dem Tagebuche eines alten Schauspielers. 2 Bände. Leipzig 1862–1866.
Goethe in Weimar. Hrsg. von Karl-Heinz Hahn. Leipzig 1986.
W. G. Gotthardi, Weimarische Theaterbilder aus Goethes Zeit. 2 Bände. Jena und Leipzig 1865.
Edgar Groß, Johann Ferdinand Friedrich Fleck. Berlin 1914 (Schriften der Gesellschaft für Theatergeschichte, Band 22).
Edgar Groß, Goethe und das Hallesche Theater. Halle/Saale 1929.
Heinrich Härle, Ifflands Schauspielkunst. Teil 1, Berlin 1925 (Schriften der Gesellschaft für Theatergeschichte, Band 34).
Wilhelm und Moritz Henschel, Ifflands mimische Darstellungen für Schauspieler und Zeichner. Während der Vorstellung gezeichnet zu Berlin in den Jahren 1808 bis 1811. Berlin 1811/12.
Wolfram Huschke, Musik im klassischen und nachklassischen Weimar. Weimar 1982.
Iffland in seinen Schriften als Künstler, Lehrer und Direktor der Berliner Bühne. Zusammengestellt von Carl Duncker. Berlin 1883.
Monty Jacobs, Deutsche Schauspielkunst. Zeugnisse zur Bühnengeschichte klassischer Rollen. Leipzig 1913.
Heinz Kindermann, Theatergeschichte der Goethezeit. Wien 1948.
Winfried Klara, Schauspielkostüm und Schauspieldarstellung. Berlin 1931 (Schriften der Gesellschaft für Theatergeschichte, Band 43).
Hans Knudsen, Deutsche Theatergeschichte. Stuttgart 1959.
Rudolf Krauß, Das Stuttgarter Hoftheater von den ältesten Zeiten bis zur Gegenwart. Stuttgart 1908.
Hans von Krosigk, Karl Graf von Brühl und seine Eltern. Berlin 1910.
Walter Kunze, Goethes Theaterleitung im Urteil der Zeitgenossen. München 1942.
Gisold Lammel, Kunst der Goethezeit. Berlin 1982.
Gotthold Ephraim Lessing, Hamburgische Dramaturgie. Berlin 1952.
Louis-Schneider-Sammlung. Katalog. Berlin 1938 (Schriften der Gesellschaft für Theatergeschichte, Band 50).
175 Jahre Nationaltheater Mannheim. Dokumente zur Theatergeschichte. Zusammengestellt und erläutert von Dr. Herbert Stubenrauch, Wilhelm Herrmann und Dr. Claus Helmut Drese. Mannheim 1954.
Doris Maurer, August von Kotzebue. Ursachen seines Erfolges. Bonn 1979.
Paul Meßner, Das Deutsche Nationaltheater Weimar. Weimar 1985 (Tradition und Gegenwart. Weimarer Schriften, Heft 17).
Reinhart Meyer, Das Musiktheater am Weimarer Hof bis zu Goethes Theaterdirektion 1791. In: Der theatralische Neoklassizismus um 1800. Ein europäisches Phänomen? Bern-Frankfurt a. M. 1986 (Jahrbuch für internationale Germanistik, Reihe A, Band 18).
Reinhart Meyer, Das Nationaltheater in Deutschland als höfisches Institut. Versuch einer Begriffs- und Funktionsbestimmung. In: Das Ende der Stegreifspiele – die Geburt des Nationaltheaters. Hrsg. von Roger Bauer und Jürgen Wertheimer. München 1983.
Reinhart Meyer, Von der Wanderbühne zum Hof- und Nationaltheater. In: Hansers Sozialgeschichte der deutschen Literatur. Band 3. Hrsg. von Rolf Grimmiger, 1. Teilband, München 1980, S. 186–216.
Friedrich Michael, Geschichte des deutschen Theaters. Stuttgart 1969.
A. R. Mohr, Frankfurter Theaterleben im 18. Jahrhundert. Frankfurt a. M. 1940.
Emil Naumann, Allgemeine Musikgeschichte. Berlin 1927.
Carl Niessen, Handbuch der Theater-Wissenschaft. Emsdetten 1949.

Alfred Orel, Goethe als Operndirektor. Bregenz 1949.
Ernst Pasqué, Goethes Theaterleitung in Weimar. 2 Bände. Leipzig 1863.
Julius Petersen, Schiller und die Bühne. Berlin 1904.
Richard Petzold, Wolfgang Amadeus Mozart. Leipzig 1973.
Anton Pichler, Chronik des Großherzoglichen Hof- und Nationaltheaters in Mannheim. Mannheim 1879.
Robert Prölss, Geschichte des Hoftheaters zu Dresden. Dresden 1878.
Michael Röhrig, Regie im deutschen Sprechtheater. Stuttgart 1979.
Gertrud Rudloff-Hille, Schiller auf der deutschen Bühne seiner Zeit. Berlin und Weimar 1969.
Gertrud Rudloff-Hille, Das Theater auf der Ranstädter Bastei. Leipzig 1969.
Bruno Satori-Neumann, Die Frühzeit des Weimarischen Hoftheaters unter Goethes Leitung (1791–1798). Berlin 1922 (Schriften der Gesellschaft für Theatergeschichte, Band 31).
Schillers Briefwechsel mit Körner. Von 1784 bis zum Tode Schillers. Hrsg. von Karl Goedeke. 2 Bände. Leipzig 1874.
Schillers ›Piccolomini‹ auf dem Königlichen Nationaltheater in Berlin. Ifflands Regiebuch zur Erstaufführung am 18. Februar 1799. Hrsg. von Julius Petersen. Berlin 1940 (Schriften der Gesellschaft für Theatergeschichte, Band 53).
Heinrich Schmidt, Erinnerungen eines weimarischen Veteranen aus dem geselligen, literarischen und Theaterleben. Leipzig 1856.
Günter Schoene/Helmut Vriesen, Das Bühnenbild im 19. Jahrhundert. Katalog des Theatermuseums München. München 1959.
Gisela Sichardt, Das Weimarer Liebhabertheater unter Goethes Leitung. Weimar 1957.
Kurt Sommerfeld, Die Bühneneinrichtungen des Mannheimer Nationaltheaters unter Dalbergs Leitung (1778–1803). Berlin 1927 (Schriften der Gesellschaft für Theatergeschichte, Band 36).
Theater-Kalender auf das Jahr 1775 ff. Hrsg. von Heinrich August Ottokar Reichard. Gotha 1775–1800.
Otto Weddigen, Geschichte der Theater Deutschlands. Berlin o.J. (um 1900).
Julius Wahle, Das Weimarer Hoftheater unter Goethes Leitung. Weimar 1892 (Schriften der Goethe-Gesellschaft, Band 6).
Gerhard Wahnrau, Berlin, Stadt der Theater. Berlin 1957.
Alexander Weichberger, Goethe und das Komödienhaus in Weimar 1779–1825. Leipzig 1928.

Inhalt

ISBN 3-7443-0099-4

Reproduktionen: Sigrid Geske
Redaktion: Reiner Schlichting
Gestaltung: Witolf Röth
Herstellung: Weimardruck